Jedes verkaufte Buch pflanzt einen Baum.
Danke für Ihren Beitrag zu einer grüneren Welt.

Möglich macht das:

ONETREEPLANTED

www.onetreeplanted.org

GENTLE VEGAN

THE GENTLE GUIDE TO A PLANT-POWERED LIFE

- DEUTSCHE FASSUNG -

Michael Markens

<u>Impressum</u>

„The Gentle Guide to a Plant-Powered Life"
Deutsche Fassung

Druck und Distribution im Auftrag des Autors:
tredition GmbH, Halenreie 40-44, 22359 Hamburg, Deutschland

ISBN

Softcover	978-3-384-03854-8
Hardcover	978-3-384-03855-5
e-Book	978-3-384-03856-2

 Die Publikation und Verbreitung erfolgen im Namen von Gentle Vegan, Aachener Straße 31, 54294 Trier.

GENTLE VEGAN

tredition

Inhalt

„Mein Körper wird kein Grab für andere Kreaturen sein.“

Leonardo da Vinci

GENTLE VEGAN

Kapitel 01

Einführung in den Veganismus

Herzlich Willkommen

In "The Gentle Guide to a Plant-Powered Life" heißen wir Sie herzlich willkommen auf einer Reise, die nicht nur Ihr Leben, sondern auch die Welt um Sie herum positiv verändern kann. In einer Zeit, in der bewusste Entscheidungen und Nachhaltigkeit immer wichtiger werden, bieten wir Ihnen einen Wegweiser für ein gesundes, ethisches und umweltbewusstes Leben. Bei Gentle Vegan verbinden wir Gesundheit, Ethik und Nachhaltigkeit zu einem harmonischen Ganzen, und unsere Mission geht über das bloße Vermitteln von Wissen hinaus. Wir wollen Sie ermächtigen, bewusste Entscheidungen in Ihrem täglichen Leben zu treffen.

Unser Ansatz bei Gentle Vegan basiert auf der Überzeugung, dass Wissen die Grundlage für Transformation ist. In diesem Buch finden Sie eine Fülle von Informationen, die es Ihnen ermöglichen, Ihren Lebensstil bewusst und informiert zu gestalten. Wir möchten Sie ermutigen, jeden Schritt in Richtung eines bewussten Lebensstils als einen Schritt hin zu mehr Verantwortung für Ihre Gesundheit, Ihr Wohlbefinden und unseren Planeten zu betrachten.

Wir setzen auf einen positiven, motivierenden und authentischen Ansatz. Es ist unser Ziel, Sie zu inspirieren, Veränderungen zu wählen, ohne dabei Ihren individuellen Stil aufzugeben. Innerhalb der Gentle Vegan Community finden Sie Gleichgesinnte, die Sie unterstützen, inspirieren und mit denen Sie sich austauschen können. Wir glauben, dass wir gemeinsam mehr erreichen können und dass gegenseitige Unterstützung auf unserem Weg unerlässlich ist.

Wir sehen wahre Stärke in Verbindung mit Empathie. In diesem Buch zeigen wir Ihnen, wie ein bewusster Lebensstil sowohl körperliche Stärke als auch emotionale Intelligenz umfassen kann. Unser Engagement für Nachhaltigkeit ist tief verwurzelt, und wir setzen uns für einen Lebensstil ein, der die Umwelt schützt, Ressourcen schont und Tiere respektiert.

Gentle Vegan steht für eine Gemeinschaft, die für jeden offen ist. Unabhängig von Geschlecht, Herkunft oder Hintergrund arbeiten wir gemeinsam an einem bewussten Lebensstil - für uns selbst, unsere Mitmenschen und unseren Planeten.

In den folgenden Kapiteln werden Sie lernen, wie Sie Ihre Ernährung optimieren, Ihren Körper und Geist stärken und dabei ein mitfühlendes und achtsames Leben führen können. Wir laden Sie ein, uns auf dieser aufregenden Reise zu begleiten und zu entdecken, wie bereichernd und kraftvoll ein Leben im Einklang mit unseren Prinzipien sein kann.

Die vegane Bewegung:

Eine kurze Geschichte

Obwohl die vegane Bewegung als modernes Phänomen erscheint, reichen ihre Wurzeln weit zurück. Sie spiegelt die fortschreitende Entwicklung menschlicher Werte in Bezug auf Mitgefühl, Gesundheit und Umweltschutz wider.

In der Geschichte finden wir in vielen alten Kulturen vegetarische Lebensweisen. Philosophen wie Pythagoras im alten Griechenland plädierten für eine Ernährung ohne Tiertötung, motiviert durch spirituelle und ethische Überzeugungen. In Indien führte das Prinzip des Ahimsa – der Gewaltlosigkeit – viele Menschen zu einer vegetarischen Ernährung, eine Praxis, die bis heute im Land verbreitet ist.

Der Begriff "vegan" entstand jedoch erst viel später, 1944, geprägt von Donald Watson im Vereinigten Königreich. Zusammen mit Gleichgesinnten gründete er die Vegan Society, die sich von anderen Vegetariern abgrenzte, indem sie auch auf Milchprodukte und Eier verzichteten und eine Lebensweise frei von jeder Form der Tierausbeutung verfolgten.

Die Beweggründe für Veganismus haben sich über die

Jahre gewandelt und erweitert. Anfangs lag der Fokus vor allem auf ethischen Aspekten, wie Tierrechte und ein Leben ohne Tierquälerei. Mit zunehmender Verfügbarkeit von Informationen rückten gesundheitliche und umweltbezogene Überlegungen in den Vordergrund. Studien über die Vorteile einer pflanzlichen Ernährung und die Auswirkungen der Tierproduktion auf die Umwelt inspirierten eine neue Generation von Veganern.

In der zweiten Hälfte des 20. Jahrhunderts brachten einflussreiche vegane Aktivisten, Autoren und Denker die ethischen, gesundheitlichen und ökologischen Facetten des Veganismus ins Rampenlicht. Bücher, Dokumentationen und Studien trugen dazu bei, die Bewegung weiter in den Mainstream zu rücken.

Im 21. Jahrhundert erlebte der Veganismus einen beispiellosen Aufschwung, getrieben durch gesteigertes Bewusstsein, leichteren Zugang zu veganen Produkten und globale Nachhaltigkeitsbedenken. Veganer Festivals, pflanzliche kulinarische Innovationen sowie vegane Mode- und Beauty-Marken zeugen von einem gesellschaftlichen Wertewandel.

Heute vereint die vegane Bewegung unterschiedlichste Beweggründe – von Tierrechten und Gesundheitsaspekten bis hin zu Umweltfragen und spirituellen Überzeugungen. Veganismus ist mehr als eine Ernährungsweise; er repräsentiert eine ganzheitliche Lebenshaltung, die darauf abzielt, Schaden zu minimieren und eine nachhaltige, mitfühlende Welt zu fördern.

Die Geschichte der veganen Bewegung zeigt, dass sie das Ergebnis jahrhundertelanger Überlegungen, Mitgefühls und Aktivismus ist. Sie wächst stetig weiter, getragen von Menschen, die sich eine freundlichere, gesündere und nachhaltigere Welt für alle wünschen.

Veganismus verstehen

In letzter Zeit hat der Veganismus an Popularität gewonnen, angetrieben von einer Vielzahl von Motivationen, die von ethischen Überzeugungen über Gesundheitsbestrebungen bis hin zu Umweltbedenken reichen. Im Kern ist Veganismus mehr als nur eine Ernährungsentscheidung; es ist ein tiefgreifendes Engagement für einen Lebensstil, der darauf abzielt, die Verwendung von Tierprodukten in allen Aspekten, einschließlich Nahrung, Kleidung und Pflegeprodukten, zu eliminieren.

Die vegane Ernährung zeichnet sich durch den vollständigen Ausschluss von tierischen Produkten aus. Das bedeutet nicht nur den Verzicht auf Fleisch,

Geflügel und Fisch, sondern auch das Meiden von Milchprodukten, Eiern und sogar Honig. Stattdessen liegt der Schwerpunkt auf pflanzenbasierten Lebensmitteln: Obst, Gemüse, Getreide, Hülsenfrüchte, Nüsse und Samen. Durch den Verzicht auf diese tierischen Produkte zielen Veganer darauf ab, Tierausbeutung und Grausamkeit zu minimieren.

Ethische Überlegungen bilden für viele Veganer einen Grundpfeiler. Die Entscheidung, auf Tierprodukte zu verzichten, resultiert oft aus dem tief verwurzelten Wunsch, Tierleid zu minimieren und sich für eine humanere Welt einzusetzen. Durch den Verzicht auf tierische Produkte in ihren Mahlzeiten setzen sich Veganer gegen die inhärente Grausamkeit und das Leiden ein, die durch die Massentierhaltung und andere Formen der Tierausbeutung verursacht werden.

Aus gesundheitlicher Sicht kann eine gut strukturierte vegane Ernährung alle Nährstoffbedürfnisse decken. Trotz des weit verbreiteten Missverständnisses, dass pflanzliche Ernährungen mangelhaft seien, können sie tatsächlich reich an Proteinen, essentiellen Vitaminen, Mineralien und gesunden Fetten sein. Es ist jedoch entscheidend, auf bestimmte Nährstoffe wie Vitamin B12, Eisen, Kalzium und Omega-3-Fettsäuren zu achten. Mit informierten Entscheidungen, angereicherten Lebensmitteln und gegebenenfalls

Nahrungsergänzungsmitteln können diese Nährstoffbedürfnisse problemlos erfüllt werden.

Auch die ökologischen Auswirkungen unserer Ernährungsentscheidungen sind ins Rampenlicht gerückt. Der Sektor der Tierlandwirtschaft wurde mit einer Reihe von Umweltproblemen in Verbindung gebracht, darunter erhebliche Treibhausgasemissionen, weit verbreitete Entwaldung und alarmierende Wasserverschmutzung. Durch die Wahl eines veganen Lebensstils kann man aktiv seinen ökologischen Fußabdruck reduzieren.

Im Wesentlichen geht der Veganismus über eine bloße Ernährungsentscheidung hinaus; es ist ein tiefgreifendes Engagement für einen Lebensstil mit Auswirkungen auf die persönliche Gesundheit, das Tierwohl und die Umwelt im Allgemeinen. Veganismus zu praktizieren bedeutet nicht, einem flüchtigen Trend zu folgen, sondern wirkungsvolle Entscheidungen für eine mitfühlendere und nachhaltigere Welt zu treffen.

Vorteile eines pflanzenbasierten Lebensstils

Die Entscheidung für eine vegane Ernährung bringt eine Fülle von Vorteilen mit sich, nicht nur für die individuelle Gesundheit, sondern auch für die Umwelt und das Wohlergehen der Tiere.

Eine vegane Ernährung, die reich an vielfältigen pflanzlichen Lebensmitteln ist, versorgt den Körper mit essenziellen Nährstoffen, Vitaminen und Mineralien. Natürlich arm an gesättigten Fetten und Cholesterin, kann sie das Risiko von Krankheiten wie Herzleiden, Bluthochdruck und Schlaganfall verringern. Zudem wurde die Ernährung mit niedrigeren Raten von Übergewicht, Typ-2-Diabetes und bestimmten Krebsarten in Verbindung gebracht. Der hohe Ballaststoffgehalt in pflanzlichen Lebensmitteln fördert zudem ein gesundes Verdauungssystem und hilft bei der Gewichtskontrolle.

Über die persönliche Gesundheit hinaus sind die Umweltvorteile eines veganen Lebensstils erheblich. Die Tierlandwirtschaft, mit ihren hohen Treibhausgasemissionen, Entwaldung und Wasserverschmutzung, belastet unseren Planeten stark. Im Gegensatz dazu reduziert eine vegane Ernährung den eigenen CO2-Fußabdruck und schont wichtige Ressourcen. Der Anbau pflanzlicher Lebensmittel ist von Natur aus nachhaltiger und erfordert weniger Land, Energie und Wasser.

Ein weiterer überzeugender Grund für viele, diesen Lebensstil zu wählen, ist das Tierwohl. Die harten Realitäten der Massentierhaltung, der Einschränkung und anderer unmenschlicher Praktiken sind schwer zu ignorieren. Mit der Entscheidung für eine vegane Ernährung setzt man sich gegen diese Industrien ein und befürwortet eine Welt, in der Tiere mit Mitgefühl und Respekt behandelt werden.

Neben den greifbaren Vorteilen erleben viele Veganer gesteigerte Energie, verbessertes Hautbild und ein verstärktes Wohlbefinden. Die Ernährung kann auch die kulinarische Kreativität anregen, da sie zur Erkundung vielfältiger Zutaten und Aromen ermutigt.

In den folgenden Kapiteln werden wir tiefer in diese Vorteile eintauchen und ein umfassendes Verständnis der positiven Auswirkungen eines veganen Lebensstils vermitteln. Egal, ob aus gesundheitlichen, umweltbezogenen oder tierrechtlichen Gründen, der vegane Weg verspricht transformative Effekte, die das persönliche Leben und die weitere Welt bereichern.

Gängige Vorurteile gegenüber Veganismus

In der heutigen Welt hat der Veganismus als ethische und umweltfreundliche Lebensweise erhebliche Aufmerksamkeit erlangt. Doch wie jeder Lebensstil ist auch er nicht frei von Missverständnissen und Herausforderungen. Dieses Unterkapitel zielt darauf ab, einige gängige Mythen über Veganismus zu entkräften und gleichzeitig Licht auf weniger diskutierte Aspekte zu werfen.

Vorurteil #1: Veganer mangelt es an essenziellen Nährstoffen

Ein verbreiteter Mythos ist, dass Veganer nicht alle notwendigen Nährstoffe für eine optimale Gesundheit erhalten können. Tatsächlich kann eine gut geplante vegane Ernährung alle essenziellen Nährstoffe liefern. Lebensmittel wie Hülsenfrüchte, Tofu, Nüsse, Samen und Blattgemüse sind reich an Vitaminen und Mineralien, was sicherstellt, dass Veganer eine ausgewogene und nahrhafte Ernährung aufrechterhalten können.

Vorurteil #2: Veganismus ist teuer

Es gibt die Vorstellung, dass Veganismus ein Luxus

ist, der nur Personen mit höherem Einkommen zugänglich ist. In Wirklichkeit sind viele vegane Grundnahrungsmittel, wie Getreide, Bohnen, Obst und Gemüse, oft günstiger als tierische Produkte. Durch das Kochen zu Hause, den Kauf saisonaler Produkte und den Großeinkauf kann man eine vielfältige vegane Ernährung genießen, ohne viel Geld auszugeben.

Vorurteil #3: Veganer haben Schwierigkeiten, genügend Protein zu bekommen

Die Proteinsorge ist eines der hartnäckigsten Mythen rund um den Veganismus. Während tierische Produkte proteinreich sind, bieten zahlreiche pflanzliche Quellen wie Linsen, Quinoa, Tempeh und Seitan reichlich Protein. Durch eine vielfältige Ernährung können Veganer ihren Proteinbedarf leicht decken und sogar übertreffen.

Vorurteil #4: Vegane Ernährung ist geschmacklos und eintönig

Einige glauben, dass ohne Fleisch und Milchprodukte die Mahlzeiten fad werden. Doch die vegane Küche, mit ihren globalen Einflüssen und der großen Auswahl an Gewürzen, Kräutern und Zutaten, bietet eine spannende und geschmackvolle kulinarische Reise. Die Welt der pflanzenbasierten Küche ist weit und erlaubt endlose Kreativität und Erkundung.

Vorurteil #5: Veganismus ist nur etwas für Junge und Gesunde

Dieser Mythos legt nahe, dass nur junge und fitte Menschen einen veganen Lebensstil aufrechterhalten können. Forschungen haben jedoch gezeigt, dass eine vegane Ernährung Menschen aller Altersgruppen, von Kindern bis zu Senioren, zugutekommen kann. Sie kann das Risiko bestimmter chronischer Krankheiten verringern und das allgemeine Wohlbefinden verbessern.

Ein tieferer Einblick: Die unerwähnten Herausforderungen des Veganismus

Während der Veganismus zahlreiche Vorteile bietet, ist es wichtig, seine Herausforderungen zu erkennen. Zum Beispiel erfordern bestimmte Kulturen, wie Avocados und Mandeln, erhebliche Wassermengen, was zu Bedenken hinsichtlich der Wasserverschwendung führt. Zusätzlich kann die Schaffung neuer landwirtschaftlicher Flächen manchmal zur Zerstörung von Lebensräumen führen. Es ist entscheidend für Veganer, informiert zu sein und Entscheidungen zu treffen, die mit Nachhaltigkeit und ethischen Überlegungen im Einklang stehen.

Bei Gentle Vegan glauben wir an einen ganzheitlichen Ansatz des Veganismus. Unsere Philosophie betont die transformative Kraft des Wissens und stellt sicher, dass

Individuen nicht nur einer Diät folgen, sondern einen Lebensstil annehmen, der sich seiner Auswirkungen auf die Welt bewusst ist. Durch das Verständnis sowohl der Vorteile als auch der Herausforderungen des Veganismus kann man informierte Entscheidungen treffen, die wirklich mit einem mitfühlenden und nachhaltigen Ethos übereinstimmen.

GENTLE VEGAN

Kapitel 02

Der Übergang zu einem veganen Lebensstil

Kleine Schritte in Richtung Veganismus

Wenn Sie erwägen, einen veganen Lebensstil anzunehmen, aber unsicher sind, wo Sie anfangen sollen, ist dieses Unterkapitel für Sie. Der Übergang zu einer veganen Ernährung mag anfangs entmutigend erscheinen, aber kleine Schritte können den Prozess erleichtern und nachhaltiger machen. Indem Sie nach und nach pflanzliche Lebensmittel in Ihre Mahlzeiten integrieren, können Sie die Vorteile einer veganen Ernährung nutzen und gleichzeitig die Herausforderungen, die oft mit drastischen Änderungen verbunden sind, minimieren.

Um den Einstieg in einen veganen Lebensstil zu erleichtern, beginnen Sie damit, eine Mahlzeit oder einen Snack pro Tag durch eine pflanzliche Alternative zu ersetzen. Das könnte bedeuten, Ihr morgendliches Omelett durch ein Tofu-Scramble zu ersetzen oder anstelle eines Sandwiches mit tierischem Protein einen köstlichen Kichererbsensalat zu genießen. Die schrittweise Erhöhung der Anzahl pflanzlicher Mahlzeiten ermöglicht es Ihren Geschmacksknospen, sich anzupassen und neue, spannende Aromen zu entdecken.

Ein weiterer kleiner Schritt in Richtung Veganismus ist die Erkundung pflanzlicher Alternativen für Ihre liebsten tierischen Produkte. Mittlerweile gibt es zahlreiche milchfreie Milchalternativen, wie Mandel-, Soja- und Hafermilch, die Sie in Ihrem morgendlichen Kaffee oder Müsli verwenden können. Ebenso sind vegane Käse, Joghurts und Eiscremes leicht erhältlich und können genauso köstlich sein wie ihre milchbasierten Gegenstücke.

Darüber hinaus ist es wichtig, mehr Obst, Gemüse, Hülsenfrüchte und Vollkornprodukte in Ihre Ernährung zu integrieren. Diese Lebensmittel sind nicht nur reich an Nährstoffen, sondern sorgen auch für Sättigung und helfen Ihnen, sich voll und zufrieden zu fühlen. Experimentieren Sie mit neuen Rezepten und erkunden Sie die Welt der pflanzlichen Küche, um Ihre Mahlzeiten spannend und abwechslungsreich zu gestalten.

Denken Sie daran, dass der Weg zum Veganismus für jeden einzigartig ist. Lassen Sie sich nicht entmutigen, wenn Sie auf Herausforderungen stoßen oder gelegentlich Fehler machen. Wichtig ist, dass Sie Schritte in Richtung eines mitfühlenderen und nachhaltigeren Lebensstils unternehmen. Gentle Vegan ist hier, um Sie bei dieser lohnenden Reise mit Rat und Unterstützung zu begleiten.

Indem Sie kleine Schritte in Richtung Veganismus unternehmen, haben Sie eine positive Auswirkung auf Ihre Gesundheit, die Umwelt und das Tierwohl. Nehmen Sie das Abenteuer an und genießen Sie die unzähligen Vorteile, die ein pflanzenbasiertes Leben zu bieten hat.

Umgang mit sozialen Herausforderungen

Ein pflanzenbasiertes Leben und die Annahme einer veganen Ernährung können zahlreiche Vorteile für unsere Gesundheit und die Umwelt bringen. Das Navigieren durch soziale Herausforderungen kann jedoch manchmal ein Hindernis für Menschen sein, die sich für diesen Lebensstil entschieden haben. In diesem Unterkapitel werden wir einige effektive Strategien erforschen, die Ihnen helfen, diese Herausforderungen zu bewältigen und Ihr Engagement für eine vegane Ernährung aufrechtzuerhalten.

Eine der häufigsten sozialen Herausforderungen, mit denen Veganer konfrontiert sind, ist das Essen gehen mit Freunden und Familie. Viele Restaurants bieten immer noch begrenzte vegane Optionen, was es schwierig machen kann, geeignete Mahlzeiten zu finden. Mit ein wenig Vorbereitung können Sie diese Herausforderung jedoch meistern. Die Recherche nach Restaurants im Voraus, das Vorschlagen von veganfreundlichen Einrichtungen oder sogar das Anbieten, ein veganes Essen für ein Treffen zu kochen, kann helfen sicherzustellen, dass Sie zufriedenstellende Optionen zur Verfügung haben.

Eine weitere oft auftretende soziale Herausforderung ist der Umgang mit Kritik oder Skepsis von anderen. Menschen weltweit haben unterschiedliche Meinungen über Veganismus, und es ist wichtig, diese Situationen mit Anmut und Respekt zu behandeln. Denken Sie daran, dass Ihre Entscheidung für eine vegane Ernährung eine persönliche ist und es nicht notwendig ist, dass jeder sie versteht oder damit einverstanden ist. Sich über die Vorteile des Veganismus zu informieren, Ihre persönlichen Erfahrungen zu teilen und mit gutem Beispiel voranzugehen, kann helfen, Bedenken anzusprechen und Mythen zu zerstreuen.

Familientreffen und Feiertage können für Veganer besonders herausfordernd sein, da traditionelle Mahlzeiten oft um tierische Gerichte kreisen. Das bedeutet jedoch nicht, dass Sie Ihre Überzeugungen oder Werte kompromittieren müssen. Das Angebot, ein veganes Gericht zum Teilen mitzubringen, kann anderen die köstlichen Aromen der pflanzenbasierten Küche vorstellen. Alternativ können Sie ein veganfreundliches Event ausrichten und zeigen, wie genussvoll und zufriedenstellend veganes Essen sein kann.

Der Aufbau eines Netzwerks von Gleichgesinnten kann unschätzbare Unterstützung bieten, wenn man mit sozialen Herausforderungen konfrontiert ist. Der Beitritt zu lokalen veganen Gruppen oder Online-Communitys kann Sie mit anderen verbinden, die Ihre Leidenschaft für ein pflanzenbasiertes Leben teilen. Diese Gemeinschaften können eine Quelle der Inspiration, des Rats und der Freundschaft sein und Ihre vegane Reise angenehmer und erfüllender machen.

Zusammenfassend lässt sich sagen, dass, obwohl beim Annehmen einer veganen Ernährung manchmal soziale Herausforderungen auftreten können, es zahlreiche Strategien gibt, um diese zu überwinden. Durch Vorbereitung im Voraus, Aufklärung anderer und den Aufbau eines unterstützenden Netzwerks können Sie diese Herausforderungen selbstbewusst meistern und weiterhin auf Ihrem pflanzenbasierten Weg gedeihen. Denken Sie daran, dass Ihre Entscheidung, einen veganen Lebensstil anzunehmen, ein positiver Schritt in Richtung einer gesünderen und nachhaltigeren Zukunft ist.

Heißhunger und Versuchungen überwinden

Eine der größten Herausforderungen beim Übergang zu einer veganen Ernährung ist es, Heißhunger und Versuchungen für nicht-vegane Lebensmittel zu überwinden. Ob es die Verlockung eines saftigen Steaks oder der unwiderstehliche Duft frisch gebackener Kekse ist, Gelüste können selbst die engagiertesten Personen auf die Probe stellen. Mit den richtigen Strategien und der richtigen Einstellung können Sie jedoch diese Hindernisse erfolgreich navigieren und ein pflanzenbasiertes Leben vollständig annehmen.

Zunächst ist es wichtig zu verstehen, dass Gelüste oft durch Gewohnheit und Konditionierung angetrieben werden. Viele Menschen haben sich daran gewöhnt, bestimmte Lebensmittel aufgrund kultureller oder persönlicher Vorlieben zu essen. Dies zu erkennen, kann Ihnen helfen, sich emotional von diesen Gelüsten zu lösen und sie als konditionierte Reaktionen zu betrachten, die mit der Zeit umprogrammiert werden können. Denken Sie daran, dass es Geduld und Übung erfordert, diese Versuchungen zu überwinden.

Eine effektive Strategie ist, sich auf die Fülle

köstlicher veganer Lebensmittel zu konzentrieren. Entdecken Sie die breite Vielfalt an Obst, Gemüse, Hülsenfrüchten, Vollkornprodukten, Nüssen und Samen, die die Grundlage Ihrer pflanzenbasierten Ernährung bilden können. Experimentieren Sie mit verschiedenen Rezepten, Gewürzen und Aromen, um zufriedenstellende und geschmackvolle Mahlzeiten zu kreieren. Indem Sie eine breite Palette pflanzlicher Lebensmittel genießen, können Sie Ihren Gaumen zufriedenstellen und das Verlangen nach nicht-veganen Optionen reduzieren.

Eine weitere nützliche Technik ist es, Ihre Mahlzeiten und Snacks im Voraus zu planen. Wenn der Hunger zuschlägt, kann das Vorhandensein gesunder veganer Optionen impulsiven Entscheidungen vorbeugen und es einfacher machen, nicht-veganen Versuchungen zu widerstehen. Halten Sie Ihren Kühlschrank mit bunten Früchten und Gemüse gefüllt, bereiten Sie nahrhafte Snacks wie Hummus mit Karottensticks oder Mandelbutter mit Apfelscheiben zu und haben Sie eine Vielfalt an pflanzlichen Proteinen wie Tofu, Tempeh und Hülsenfrüchten zur Hand für sättigende Mahlzeiten.

Zusätzlich kann das Bilden über die gesundheitlichen Vorteile einer veganen Ernährung Ihr Engagement und Ihre Entschlossenheit stärken. Informieren Sie sich über die negativen Auswirkungen der Tierlandwirtschaft auf die Umwelt, das Tierwohl und Ihre eigene Gesundheit. Reflektieren Sie über die ethischen Gründe, die Sie motiviert haben, einen veganen Lebensstil anzunehmen. Durch das Verständnis der weiterreichenden Implikationen Ihrer Entscheidungen finden Sie die Motivation, Gelüsten zu widerstehen und Ihren Werten treu zu bleiben.

Umgeben Sie sich mit einer unterstützenden Gemeinschaft. Vernetzen Sie sich mit Gleichgesinnten, die Ihre Leidenschaft für Veganismus teilen. Treten Sie Online-Foren bei, besuchen Sie lokale vegane Veranstaltungen oder nehmen Sie an Kochworkshops teil, um Ihr Wissen zu erweitern. Gentle Vegan bietet ebenfalls eine Plattform für Verbindung und Unterstützung und stellt sicher, dass Sie über ein robustes Unterstützungssystem verfügen. Der Austausch mit dieser Gemeinschaft kann einen bedeutenden Unterschied beim Überwinden von Gelüsten und beim Festhalten an Ihrem pflanzenbasierten Leben machen. Denken Sie daran, das Managen von Gelüsten ist ein Teil der Reise. Feiern Sie jeden Schritt, den Sie machen, und mit Entschlossenheit und der richtigen Unterstützung werden Sie die Vorteile einer veganen Ernährung vollständig annehmen.

Vegane Alternativen finden

Beim Übergang zu einer veganen Ernährung ist es wichtig, geeignete Alternativen zu tierischen Produkten zu finden. Egal, ob Sie ein erfahrener Veganer sind oder gerade erst Ihre pflanzenbasierte Reise beginnen, die Entdeckung veganer Alternativen wird Ihr kulinarisches Erlebnis bereichern und sicherstellen, dass Sie alle notwendigen Nährstoffe erhalten.

Beginnen Sie bei der Suche nach veganen Alternativen mit pflanzlichen Proteinen. Obwohl viele Protein mit tierischen Produkten assoziieren, sind Hülsenfrüchte wie Linsen und Kichererbsen sowie Tofu und Tempeh reich an Protein und können in verschiedenen Gerichten vielseitig eingesetzt werden. Neben Protein ist es wesentlich, Alternativen für andere wichtige Nährstoffe zu finden, die üblicherweise in tierischen Produkten vorkommen. Kalzium wird beispielsweise oft mit Milchprodukten in Verbindung gebracht.

Jedoch können pflanzliche Quellen wie Blattgemüse, angereicherte Pflanzenmilch und kalziumgesetzter Tofu eine ausreichende Menge dieses essentiellen Minerals liefern. Ebenso können Omega-3-Fettsäuren, die traditionell aus Fisch stammen, aus Leinsamen,

Chiasamen und Walnüssen gewonnen werden.

Das Entdecken veganer Alternativen für Milchprodukte ist ein weiterer wichtiger Aspekt des Übergangs. Anstelle von Kuhmilch gibt es eine breite Palette pflanzlicher Milchsorten, wie Mandel-, Soja-, Hafer- und Kokosmilch. Diese Alternativen können beim Kochen und Backen verwendet oder einfach pur genossen werden. Für Käseliebhaber gibt es mehrere vegane Käseoptionen, die aus Nüssen, Soja oder pflanzlichen Ölen hergestellt werden und es Ihnen ermöglichen, die gewünschten Geschmacksrichtungen und Texturen zu genießen, ohne Ihren veganen Lebensstil zu kompromittieren.

Beim Thema vegane Alternativen ist es wichtig zu bedenken, dass Geschmacksvorlieben von Person zu Person variieren. Das Experimentieren mit verschiedenen Marken und Rezepten hilft Ihnen, die Produkte zu finden, die Ihrem Gaumen am besten entsprechen. Zusätzlich bietet das Erkunden ethnischer Küchen, die natürlicherweise pflanzliche Zutaten verwenden, eine Fülle neuer Geschmacksrichtungen und Texturen zum Genießen.

Zusammenfassend ist das Finden veganer Alternativen ein spannender und notwendiger Teil des Lebensstils, der von Pflanzenkraft geprägt ist. Mit der wachsenden Beliebtheit des Veganismus gibt es mittlerweile unzählige Optionen, die jedem Geschmack und Ernährungsbedürfnis entsprechen. Durch das Erkunden pflanzlicher Proteine, Kalziumquellen, Milchalternativen und das Experimentieren mit verschiedenen Rezepten können Sie eine vielfältige und köstliche vegane Ernährung kreieren, die sowohl Ihren Körper als auch Ihre Seele nährt.

Tipps für das Auswärtsessen als Veganer

Als Veganer auswärts zu essen, kann manchmal eine Herausforderung sein, besonders wenn man neu in diesem Lebensstil ist. Doch mit ein wenig Vorbereitung und Kenntnis kann man auch in Restaurants köstliche vegane Mahlzeiten genießen. Hier sind einige Ratschläge, um die Restaurantlandschaft als Veganer zu meistern und das Essenserlebnis voll auszukosten.

Bevor Sie losgehen, lohnt es sich, nach Restaurants zu suchen, die vegane Optionen anbieten. Viele Lokale haben heutzutage spezielle vegane Menüs oder kennzeichnen vegane Gerichte klar auf ihrer normalen Speisekarte. Webseiten und Apps wie HappyCow können dabei helfen, veganfreundliche Restaurants in Ihrer Nähe oder auf Reisen zu finden.

Auch wenn ein Gericht als vegetarisch oder vegan ausgewiesen ist, empfiehlt es sich immer, die Zutaten genauer zu überprüfen. Manche Lebensmittel, wie Dressings, Suppen oder Desserts, enthalten möglicherweise versteckte tierische Inhaltsstoffe wie Gelatine oder Honig. Bleiben Sie wachsam und fragen Sie das Servicepersonal oder die Küchenmannschaft, falls Sie unsicher sind.

Ethnische Küchen bieten oft eine Vielzahl von pflanzenbasierten Optionen. Indische, thailändische, orientalische und mexikanische Küchen zum Beispiel bieten eine Fülle von veganen Gerichten, reich an Aromen und Texturen. Seien Sie abenteuerlustig und erkunden Sie verschiedene Küchen, um Ihre veganen Essensmöglichkeiten zu erweitern.

Denken Sie daran, dass nicht alle Restaurants mit dem Veganismus vertraut sind und Fehler passieren können. Seien Sie geduldig und verständnisvoll, falls es zu Fehlern oder Missverständnissen bei Ihrer Bestellung kommt. Nutzen Sie diese Gelegenheiten, um auf freundliche und positive Weise über Veganismus aufzuklären und Bewusstsein zu schaffen.

Indem Sie diese Ratschläge befolgen, kann das Essen als Veganer in einem Restaurant zu einem angenehmen und stressfreien Erlebnis werden. Genießen Sie das Abenteuer, neue vegane Gerichte zu entdecken und Restaurants zu unterstützen, die Ihre Ernährungsentscheidungen berücksichtigen. Mit der Zeit werden Sie eine Vielzahl köstlicher pflanzenbasierter Optionen entdecken, die das Essen außer Haus zu einem erfreulichen Teil Ihrer veganen Reise machen.

GENTLE VEGAN

Kapitel 03

Grundlagen der veganen Ernährung

Einführung in die vegane Ernährung

Die Reise in den Veganismus beginnt oft mit einer tiefgreifenden Erkenntnis über die Verbindung zwischen unseren Ernährungsentscheidungen, der Umwelt und dem Wohlergehen aller Lebewesen. Wenn Menschen zu einem veganen Lebensstil übergehen, wird das Verständnis der Ernährungslandschaft von größter Bedeutung. Diese Einführung zielt darauf ab, ein grundlegendes Verständnis für vegane Ernährung zu vermitteln, um sicherzustellen, dass Sie bei der Umarmung dieses mitfühlenden Lebensstils auch Ihren Körper optimal nähren.

Die vegane Ernährung basiert im Kern auf pflanzlichen Quellen. Dies bedeutet, essentielle Nährstoffe aus Früchten, Gemüse, Getreide, Hülsenfrüchten, Nüssen und Samen zu beziehen, anstatt aus tierischen Produkten. Obwohl die vegane Ernährung Fleisch, Milchprodukte, Eier und andere tierische Produkte ausschließt, ist sie reich an einer vielfältigen Palette von Nährstoffen und bietet ein Spektrum an Geschmacksrichtungen, Texturen und gesundheitlichen Vorteilen.

Ein häufiges Missverständnis ist, dass vegane Diäten von Natur aus mangelhaft oder an essentiellen

Nährstoffen arm sind. Im Gegenteil kann eine gut geplante vegane Ernährung genauso nahrhaft sein, wenn nicht sogar nahrhafter, als ihre omnivore Entsprechung. Der Schlüssel liegt im Verständnis der Quellen verschiedener Nährstoffe und in der Sicherstellung einer ausgewogenen Aufnahme.

Es ist jedoch zu beachten, dass vegane Diäten zwar zahlreiche gesundheitliche Vorteile bieten, einschließlich eines verringerten Risikos für bestimmte chronische Krankheiten, es jedoch wichtig ist, auf mögliche ernährungsbedingte Lücken zu achten. Einige traditionell aus tierischen Quellen stammende Nährstoffe könnten in einer veganen Ernährung mehr Aufmerksamkeit erfordern. Aber mit dem richtigen Wissen und ein wenig Planung können diese leicht adressiert werden, um ein vollwertiges und ausgewogenes Ernährungsprofil sicherzustellen.

In diesem Kapitel werden wir uns eingehender mit den Feinheiten der Makro- und Mikronährstoffe im Rahmen einer veganen Ernährungsweise befassen. Wir entdecken die vielfältigen pflanzlichen Quellen dieser Nährstoffe und bieten Orientierung für die Zusammenstellung einer Ernährung, die nicht nur mit ethischen Überzeugungen in Einklang steht, sondern auch die Gesundheit in vollem Maße fördert.

Die vegane Ernährung ist letztlich ein Beleg für die

Reichhaltigkeit des Pflanzenreichs. Mit einer Fülle an Geschmacksrichtungen und Nährstoffen, die uns zur Verfügung stehen, können wir uns durch eine vegane Ernährung bestens versorgen, wobei wir nicht nur unsere Gesundheit, sondern auch den Planeten und die unzähligen Lebewesen, mit denen wir ihn teilen, unterstützen.

Makronährstoffe in einer veganen Ernährung

Die Diskussion um Ernährung dreht sich häufig um die sogenannten Makronährstoffe – die Hauptnährstoffe, die unser Körper in größeren Mengen benötigt, um Energie zu erzeugen und zu funktionieren. Zu diesen zählen Kohlenhydrate, Proteine und Fette. Für eine vegane Ernährung ist es entscheidend, die pflanzlichen Quellen dieser Nährstoffe zu kennen, um optimale Gesundheit und Vitalität zu gewährleisten.

Kohlenhydrate sind die Hauptenergiequelle des Körpers, sie treiben unsere Muskeln, das Gehirn und andere lebenswichtige Organe an. In einer veganen Ernährung sind sie reichlich in Vollkornprodukten,

Hülsenfrüchten, Obst und Gemüse vorhanden. Vollkornprodukte wie Quinoa, brauner Reis und Hafer sind nicht nur reich an Kohlenhydraten, sondern auch an Ballaststoffen, die die Verdauung unterstützen und die Herzgesundheit fördern. Neben Kohlenhydraten sind Obst und Gemüse auch Quellen für Vitamine, Mineralien und Antioxidantien.

Proteine, die Bausteine unseres Körpers, sind unverzichtbar für die Muskelreparatur, Immunfunktion sowie die Bildung von Enzymen und Hormonen. Die Annahme, Veganer hätten Schwierigkeiten, ausreichend Protein zu erhalten, ist längst überholt. Hülsenfrüchte wie Bohnen, Linsen und Kichererbsen sowie Tofu, Tempeh und Seitan sind hervorragende Proteinquellen und beliebte Fleischalternativen in veganen Gerichten. Auch Nüsse, Samen und bestimmte Gemüsesorten wie Brokkoli und Spinat tragen zur Proteinaufnahme bei. Um ein vollständiges Aminosäureprofil zu gewährleisten, ist es für Veganer empfehlenswert, verschiedene pflanzliche Proteinquellen zu kombinieren. Diese Praxis stellt sicher, dass alle essentiellen Aminosäuren, die typischerweise in tierischen Proteinen vorkommen, in einer veganen Ernährung enthalten sind.

Fette sind essentiell für die Hormonproduktion, die Gehirnfunktion und die Aufnahme fettlöslicher Vitamine und werden oft missverstanden. Veganer meiden tierische Fette wie Butter, können jedoch gesunde Fette aus Quellen wie Avocados, Nüssen, Samen und pflanzlichen Ölen beziehen. Leinsamen, Chiasamen und Walnüsse sind besonders reich an Omega-3-Fettsäuren, die für Herz und Gehirn wichtig sind.

Die Integration einer vielfältigen Auswahl pflanzlicher Lebensmittel in die Ernährung garantiert eine ausgewogene Aufnahme dieser Makronährstoffe. Ein tieferes Verständnis für die Rolle und Herkunft jedes Makronährstoffs ermöglicht es Veganern, Mahlzeiten zu kreieren, die nicht nur lecker, sondern auch ernährungsphysiologisch wertvoll sind. Wie wir tiefer in die vegane Ernährungswelt eintauchen, wird deutlich, dass eine vegane Ernährung mit etwas Wissen und Kreativität sowohl erfüllend als auch nährstoffreich sein kann.

Mikronährstoffe in einer veganen Ernährung

Während Makronährstoffe für Energie und die allgemeine Körperfunktion unerlässlich sind, spielen Mikronährstoffe, die in kleineren Mengen benötigt werden, ebenso entscheidende Rollen bei der Aufrechterhaltung optimaler Gesundheit. Mikronährstoffe, bestehend aus Vitaminen und Mineralien, sind für eine Vielzahl physiologischer Prozesse von der Knochengesundheit bis zur Immunfunktion entscheidend.

Vitamin B12 ist einer der am meisten diskutierten Mikronährstoffe im Kontext des Veganismus. Natürlich in tierischen Produkten vorkommend, stellt sein Fehlen in pflanzlichen Lebensmitteln einen wichtigen Punkt für Veganer dar. Viele pflanzliche Lebensmittel sind jedoch mit B12 angereichert, und Nahrungsergänzungsmittel sind leicht erhältlich. Der Verzehr von angereicherten Pflanzenmilchen, Getreide oder die Einnahme eines B12-Präparats stellt sicher, dass Veganer ihren täglichen Bedarf decken.

Eisen ist ein weiteres essentielles Mineral, das für den Sauerstofftransport im Blut lebenswichtig ist. Während pflanzliche Lebensmittel wie Linsen, Kichererbsen, Kürbiskerne und Spinat reich an Eisen sind, handelt es sich dabei um eine Form namens Nicht-Häm-Eisen, die anders als das in tierischen Produkten gefundene Häm-Eisen absorbiert wird. Die Kombination eisenreicher Lebensmittel mit Vitamin-C-Quellen wie Paprika oder Zitrusfrüchten kann die Aufnahme verbessern und optimale Eisenspiegel gewährleisten.

Kalzium, entscheidend für die Knochengesundheit, ist reichlich in angereicherten Pflanzenmilchsorten, Mandeln, Tahini und Blattgemüse vorhanden. Ebenso kann Vitamin D, das die Kalziumaufnahme unterstützt, aus angereicherten Lebensmitteln, Sonnenlicht und Nahrungsergänzungsmitteln gewonnen werden.

Zink, wichtig für die Immunfunktion und den Stoffwechsel, findet sich in Lebensmitteln wie Vollkornprodukten, Hülsenfrüchten, Nüssen und Samen. Omega-3-Fettsäuren, die für Gehirn und Herz wichtig sind, können aus Leinsamen, Chiasamen und Walnüssen bezogen werden.

Es ist wichtig zu betonen, dass eine ausgewogene vegane Ernährung alle notwendigen Mikronährstoffe bereitstellen kann. Allerdings ist es entscheidend, sich gut zu informieren und Mahlzeiten sorgfältig zu planen. Eine abwechslungsreiche Ernährung, die reich an nährstoffdichten Lebensmitteln ist und auf spezielle Nährstoffbedürfnisse achtet, ermöglicht es Veganern, nicht nur ihre Nährstoffanforderungen zu erfüllen, sondern in ihrem Ernährungsstil aufzublühen. Mit dem richtigen Wissen und gezielter Planung kann eine pflanzenbasierte Ernährung sowohl bereichernd als auch in jeder Hinsicht nährstoffdeckend sein.

Kombination der Mikronährstoffe

Eisen und Vitamin C: Wie bereits erwähnt, verbessert Vitamin C die Aufnahme von Nicht-Häm-Eisen, das in pflanzlichen Lebensmitteln vorkommt. Zum Beispiel kann das Hinzufügen von Zitrusfrüchten oder Paprika zu einem Gericht mit Spinat oder Linsen die Eisenaufnahme erheblich steigern.

Kalzium und Vitamin D: Vitamin D ist entscheidend für die Kalziumaufnahme und -verwertung im Körper. Veganer sollten darauf achten, Vitamin D entweder durch Sonnenlicht, angereicherte Lebensmittel oder Nahrungsergänzungsmittel zu erhalten, um die Effektivität des aufgenommenen Kalziums zu maximieren.

Omega-3-Fettsäuren und Antioxidantien: Die Aufnahme von Omega-3-Fettsäuren aus pflanzlichen Quellen wie Leinsamen oder Walnüssen kann durch Antioxidantien wie Vitamin E, das in Nüssen und Samen enthalten ist, unterstützt werden. Diese Kombination hilft, die Fettsäuren vor Oxidation zu schützen und ihre Wirksamkeit zu erhalten.

Zink und Folsäure: Zink und Folsäure arbeiten synergistisch zusammen, insbesondere für Zellwachstum und -reparatur. Eine ausgewogene Aufnahme von beiden, etwa durch den Verzehr von Hülsenfrüchten, Nüssen und dunkelgrünem Blattgemüse, ist für eine optimale Gesundheit wichtig.

B12 und Folsäure: Vitamin B12 und Folsäure arbeiten ebenfalls zusammen, besonders bei der Reduzierung von Homocystein im Körper, was für die Herzgesundheit wichtig ist. Veganer sollten sicherstellen, dass sie beide Nährstoffe durch ihre Ernährung oder Ergänzungen erhalten.

Eisen und bestimmte Inhibitoren: Es ist auch wichtig zu beachten, dass bestimmte Bestandteile in Nahrungsmitteln wie Phytate (in Vollkornprodukten) oder bestimmte Polyphenole (in Kaffee und Tee) die Eisenaufnahme hemmen können. Daher sollten Veganer darauf achten, eisenreiche Mahlzeiten nicht gleichzeitig mit diesen Inhibitoren zu konsumieren.

Die Berücksichtigung dieser Kombinationen kann Veganern helfen, eine optimale Nährstoffaufnahme zu gewährleisten und potenzielle Mängel zu vermeiden. Es zeigt auch, wie eine gut geplante vegane Ernährung nicht nur ausreichend, sondern auch gesundheitsfördernd sein kann, indem sie auf die Synergie von Mikronährstoffen achtet.

Antioxidantien

Antioxidantien spielen eine wesentliche Rolle in der Erhaltung der Gesundheit und der Prävention von Krankheiten. Sie sind bekannt für ihre Fähigkeit, oxidative Schäden in den Zellen zu bekämpfen, die durch freie Radikale verursacht werden. Diese freien Radikale entstehen durch natürliche Körperprozesse sowie externe Faktoren wie Umweltverschmutzung, Rauchen und UV-Strahlung. Eine Ernährung, die reich an Antioxidantien ist, kann dazu beitragen, den Körper vor einer Vielzahl von chronischen Krankheiten zu schützen, darunter Herzkrankheiten, bestimmte Krebsarten und neurodegenerative Erkrankungen.

In der veganen Ernährung finden sich Antioxidantien in Hülle und Fülle, insbesondere in Obst und Gemüse. Zu den wichtigsten antioxidativen Substanzen gehören Vitamine wie Vitamin C und E, Mineralstoffe wie Selen und Mangan sowie eine Vielzahl von Pflanzenstoffen, darunter Flavonoide, Polyphenole und Carotinoide.

Vitamin C und E: Vitamin C, reichlich vorhanden in Zitrusfrüchten, Paprika, Brokkoli und Erdbeeren, ist nicht nur ein starkes Antioxidans, sondern spielt auch eine wichtige Rolle bei der Kollagenbildung und der Immunfunktion. Vitamin E, das in Nüssen, Samen und

Blattgemüse zu finden ist, schützt die Zellmembranen vor oxidativem Stress.

Selen und Mangan: Diese Mineralien sind in veganen Lebensmitteln wie Vollkornprodukten, Nüssen, Samen und einigen Bohnenarten enthalten. Sie sind Bestandteil wichtiger antioxidativer Enzymsysteme im Körper.

Flavonoide und Polyphenole: Diese Pflanzenstoffe sind in einer Vielzahl von pflanzlichen Lebensmitteln vorhanden, darunter dunkle Schokolade, Beeren, Äpfel, Trauben und grüner Tee. Sie sind nicht nur für ihre antioxidativen Eigenschaften bekannt, sondern auch für ihre entzündungshemmenden und herzgesundheitlichen Vorteile.

Carotinoide: Zu dieser Gruppe gehören Beta-Carotin, Lutein und Lycopin, die in farbenfrohem Obst und Gemüse wie Karotten, Süßkartoffeln, Spinat und Tomaten vorkommen. Sie sind nicht nur wichtig für die Augengesundheit, sondern haben auch potenzielle anti-karzinogene Eigenschaften.

Es ist wichtig zu betonen, dass die Aufnahme von Antioxidantien am besten über eine ausgewogene, vollwertige Ernährung erfolgt, anstatt sich auf Nahrungsergänzungsmittel zu verlassen. Eine breite Palette von pflanzlichen Lebensmitteln bietet nicht nur eine Vielzahl von Antioxidantien, sondern auch eine

Synergie, die ihre gesundheitlichen Vorteile maximiert.

Eine ausgewogene vegane Ernährung, reich an farbenfrohem Obst und Gemüse, Vollkornprodukten, Nüssen und Samen, stellt eine hervorragende Quelle für Antioxidantien dar. Durch die Vielfalt an Lebensmitteln können Veganer nicht nur ihren Bedarf an Antioxidantien decken, sondern auch von den zahlreichen gesundheitlichen Vorteilen profitieren, die diese lebenswichtigen Nährstoffe bieten.

Superfoods

Im Kontext der veganen Ernährung ist das Thema Superfoods von wachsendem Interesse. Diese als Superfoods bezeichneten Lebensmittel sind oft reich an essenziellen Nährstoffen und Antioxidantien und werden für ihre gesundheitlichen Vorteile geschätzt. Doch es ist wichtig zu betonen, dass der Begriff "Superfood" eher ein Marketingkonzept als eine wissenschaftliche Klassifikation ist.

Viele der als Superfoods etikettierten Produkte, wie Goji-Beeren, Chia-Samen, Quinoa und Spirulina, bieten eine Fülle von Nährstoffen. Sie sind bekannt für hohe Gehalte an Vitaminen, Mineralien und Antioxidantien. Zum Beispiel enthalten Chia-Samen Omega-3-

Fettsäuren, während Quinoa als eine vollständige Proteinquelle angesehen wird, was sie für Veganer besonders attraktiv macht. Diese Nährstoffdichte kann in einer veganen Ernährung nützlich sein, um potenzielle Nährstofflücken zu schließen.

Es ist jedoch kritisch zu sehen, dass keine Lebensmittelgruppe allein alle Ernährungsbedürfnisse erfüllen kann. Eine ausgewogene und abwechslungsreiche Ernährung ist entscheidend. Der Fokus sollte darauf liegen, eine Vielfalt an Nährstoffen durch verschiedene pflanzliche Quellen zu erhalten. Während Superfoods ihre Vorteile bieten, sind sie nicht unbedingt erforderlich, um eine gesunde vegane Ernährung aufrechtzuerhalten. Lokale und saisonale Gemüse- und Obstsorten können ähnlich nahrhaft sein und sollten nicht übersehen werden.

Die Integration von Superfoods in die vegane Ernährung sollte daher mit Bedacht erfolgen. Es geht nicht darum, sich auf einzelne Superfoods zu verlassen, sondern sie als Teil eines größeren, nährstoffreichen Speiseplans zu betrachten. Zudem sollten bei der Beschaffung von Superfoods Nachhaltigkeitsaspekte berücksichtigt werden. Einige Superfoods werden über weite Strecken transportiert, was ökologische Bedenken aufwirft. Daher ist es ratsam, auch auf die Umweltauswirkungen und die sozialen Bedingungen ihrer Produktion zu achten.

Abschließend lässt sich sagen, dass Superfoods in der veganen Ernährung einen interessanten und potenziell nützlichen Aspekt darstellen, aber sie sollten im Kontext einer ganzheitlichen, ausgewogenen Ernährung und unter Berücksichtigung von Nachhaltigkeitsaspekten gesehen werden. Ihre Einbeziehung in den Speiseplan sollte die Vielfalt und den Reichtum der gesamten pflanzlichen Ernährung ergänzen und bereichern.

Verdauung und vegane Ernährung

Der Beginn einer veganen Lebensweise führt zu einer Vielzahl pflanzlicher Lebensmittel in der Ernährung. Diese Umstellung, die nicht nur ethischen und ökologischen Prinzipien entspricht, bringt auch bemerkenswerte Vorteile für die Verdauung mit sich. Pflanzliche Nahrungsmittel sind von Natur aus mit Ballaststoffen ausgestattet, einem unverdaulichen Kohlenhydrat, das für die Verdauungsgesundheit entscheidend ist. Eine ausreichende Zufuhr von Ballaststoffen aus Quellen wie Obst, Gemüse, Hülsenfrüchten und Vollkornprodukten gewährleistet eine reibungslosere Verdauung. Sie helfen, den Stuhl zu erweichen und dessen Passage zu erleichtern, wodurch das Risiko von Verstopfung gemindert wird.

Darüber hinaus ist die vegane Ernährung reich an Phytonährstoffen und Antioxidantien, einzigartigen Verbindungen in Pflanzen, die zahlreiche Gesundheitsvorteile bieten. Diese stärken nicht nur das allgemeine Wohlbefinden, sondern können auch die Darmwand kräftigen, Entzündungen möglicherweise eindämmen und die Nährstoffaufnahme verbessern.

Allerdings kann der Übergang zu einer veganen Ernährung anfangs Verdauungsherausforderungen für einige mit sich bringen. Die erhöhte Ballaststoffaufnahme, die langfristig vorteilhaft ist, kann gelegentlich kurzfristige Verdauungsbeschwerden verursachen. Sich dieser möglichen Veränderungen bewusst zu sein und sich langsam auf die Umstellung einzulassen, kann helfen, dass sich das Verdauungssystem anpasst.

Obwohl die vegane Ernährung viele Vorteile bietet, ist es äußerst wichtig, eine ausgewogene Aufnahme aller essenziellen Nährstoffe sicherzustellen. Ein proaktiver Ansatz bei der Beschaffung wichtiger Nährstoffe und möglicherweise die Integration von angereicherten Lebensmitteln oder Nahrungsergänzungsmitteln können dazu beitragen, eine optimale Verdauungsgesundheit aufrechtzuerhalten.

Zusammenfassend kann eine vegane Ernährung, wenn sie mit Bewusstsein angenommen wird, die

Verdauungsgesundheit erheblich fördern. Indem man den Schwerpunkt auf nährstoffreiche pflanzliche Lebensmittel legt und potenzielle Herausforderungen antizipiert, kann man die vegane Ernährung für ein robustes Verdauungssystem optimieren.

Vegane Ernährung in verschiedenen Lebensphasen

Eine vegane Lebensweise kann in jedem Alter eine erfüllende Reise sein. Allerdings verändern sich unsere Ernährungsbedürfnisse, wenn wir durch verschiedene Lebensphasen navigieren. Das Erkennen und Ansprechen dieser einzigartigen Anforderungen stellt sicher, dass wir die maximalen Vorteile einer veganen Ernährung während unseres gesamten Lebens nutzen.

Die Schwangerschaft ist eine transformative Phase, geprägt von erhöhten Ernährungsanforderungen, um sowohl die Mutter als auch den sich entwickelnden Fötus zu unterstützen. Vegane werdende Mütter sollten Eisen, Kalzium, Omega-3-Fettsäuren und Vitamin B12 priorisieren. Angereicherte Lebensmittel, Hülsenfrüchte, Blattgrün und Nüsse können dabei unschätzbare Quellen sein. Es ist auch ratsam, sich in dieser Zeit bezüglich möglicher Ergänzungen mit medizinischen Fachkräften zu beraten.

Für stillende Mütter ist es entscheidend, die Hydratation aufrechtzuerhalten und eine ausreichende Aufnahme von Kalorien und essenziellen Nährstoffen zu gewährleisten. Dies unterstützt nicht nur ihr Wohlbefinden, sondern stellt auch sicher, dass die Muttermilch nährstoffreich für das Kind ist.

Bei Kindern und Jugendlichen kann eine gut geplante vegane Ernährung alle essenziellen Nährstoffe für Wachstum und Entwicklung bereitstellen. Hierbei ist es entscheidend, sich auf Protein, Kalzium, Eisen und Vitamin B12 zu konzentrieren. Die Integration einer Vielzahl pflanzlicher Lebensmittel und die Überwachung der Wachstumsmuster können dabei helfen, ihre Ernährungsbedürfnisse zu erfüllen.

Senioren hingegen könnten unterschiedliche ernährungsphysiologische Bedenken haben. Da der Stoffwechsel mit dem Alter verlangsamt, werden nährstoffdichte Lebensmittel noch wichtiger. Ein Schwerpunkt auf Vollkornprodukten, Hülsenfrüchten, Obst und Gemüse kann dabei helfen, Muskelmasse, Knochengesundheit und die allgemeine Vitalität zu erhalten. Zusätzlich könnten Senioren von Vitamin D- und B12- Ergänzungen profitieren, da die Fähigkeit, diese Vitamine mit dem Alter zu synthetisieren, abnimmt.

Im Wesentlichen kann eine vegane Ernährung an die einzigartigen Ernährungsanforderungen jeder Lebensphase angepasst werden. Indem man sich informiert, bewusste Entscheidungen trifft und bei Bedarf fachkundigen Rat sucht, kann man eine nahrhafte und ausgewogene vegane Reise von der Kindheit bis ins hohe Alter sicherstellen.

Vegane Ernährung für spezielle Bedürfnisse

Die Navigation eines veganen Lebensstils kann eine lohnende Erfahrung sein, doch ist es entscheidend zu erkennen, dass individuelle Bedürfnisse je nach Aktivitätsniveau, Gesundheitszustand und spezifischen Sensibilitäten oder Allergien variieren können. Eine auf diese einzigartigen Anforderungen zugeschnittene vegane Ernährung gewährleistet optimale Gesundheit und Wohlbefinden.

Für Sportler und Menschen mit einem aktiven Lebensstil ist die Aufnahme von Energie und Protein von größter Bedeutung. Obwohl eine detaillierte Erkundung der veganen Ernährung für Athleten später behandelt wird, ist es erwähnenswert, dass Hülsenfrüchte, Tofu, Tempeh, Quinoa und angereicherte pflanzliche Milchsorten hervorragende Proteinquellen sind. Zusätzlich unterstützt eine angemessene Kalorienaufnahme durch nährstoffreiche Lebensmittel das Energieniveau und die Muskelregeneration.

Personen mit spezifischen Gesundheitszuständen müssen möglicherweise weitere Anpassungen an ihre vegane Ernährung vornehmen. Beispielsweise sollten Personen mit Eisenmangelanämie eisenreiche Lebensmittel wie Linsen, Kichererbsen und Spinat priorisieren und diese mit Vitamin-C-reichen Lebensmitteln kombinieren, um die Aufnahme zu verbessern. Andererseits müssen Menschen mit Schilddrüsenproblemen möglicherweise ihre Aufnahme von Kreuzblütlern überwachen, da diese in übermäßigen Mengen die Schilddrüsenfunktion beeinflussen können.

Allergien können ebenfalls die Auswahl veganer Lebensmittel beeinflussen. Personen mit einer Sojaallergie könnten beispielsweise Mandel- oder Hafermilch anstelle von Sojamilch bevorzugen. Ähnlich können Menschen mit Nussallergien Samen wie Chia, Leinsamen und Hanf als Alternativen zu gängigen nussbasierten veganen Lebensmitteln erkunden.

Im Wesentlichen bietet eine vegane Ernährung zwar eine Fülle von gesundheitlichen Vorteilen, doch ist es entscheidend, sie an die eigenen Bedürfnisse anzupassen. Durch informierte, bewusste Entscheidungen und die Konsultation von medizinischen Fachkräften können Einzelpersonen sicherstellen, dass ihre vegane Ernährung mit ihren spezifischen Anforderungen übereinstimmt, um optimale Gesundheit und Wohlbefinden zu fördern.

Alkoholische Getränke

Die Integration von Alkohol in eine vegane Ernährung bringt verschiedene Herausforderungen mit sich. Ein entscheidender Aspekt dabei ist die Beachtung der Inhaltsstoffe und Herstellungsprozesse alkoholischer Getränke. Viele herkömmliche Biere und Weine nutzen tierische Produkte wie Gelatine oder Kasein für den Klärungsprozess, während speziell für Veganer hergestellte Alkoholika pflanzliche oder mineralische Klärungsmittel wie Bentonit oder Aktivkohle verwenden. Dies macht sie zu einer passenden Wahl für Veganer.

Ein weiterer wichtiger Punkt ist die Verwendung von

Insekten in der Weinherstellung. Ein Beispiel hierfür ist Schellack, der aus dem Sekret der Lackschildlaus gewonnen wird und manchmal zur Veredelung von Flaschenkorken oder im Wein selbst eingesetzt wird. Für Veganer, die eine strikt tierproduktfreie Diät befolgen, ist es daher essentiell, sich für explizit als vegan gekennzeichnete Weine zu entscheiden.

Die gesundheitlichen Aspekte des Alkoholkonsums dürfen in einer veganen Ernährung nicht außer Acht gelassen werden. Alkohol kann bei übermäßigem Konsum zu diversen Gesundheitsproblemen führen, darunter Lebererkrankungen, ein erhöhtes Krebsrisiko und negative Auswirkungen auf das Herz-Kreislauf-System. Veganer, die ihren Lebensstil oft aus gesundheitlichen Gründen wählen, sollten sich der Risiken des Alkoholkonsums bewusst sein.

Zudem ist es wichtig, die Wechselwirkungen zwischen Alkohol und der Nährstoffaufnahme in einer veganen Diät zu berücksichtigen. Alkohol kann die Absorption essentieller Nährstoffe beeinträchtigen, was besonders kritisch ist, wenn die Ernährung nicht ausgewogen ist. Ein ausgewogener veganer Ernährungsplan, der reich an Vitaminen und Mineralien ist, hilft, mögliche Defizite zu vermeiden.

Die unbeabsichtigte Aufnahme von Insekten während der Ernte und Verarbeitung von

Lebensmitteln, einschließlich der Herstellung von Alkohol, ist ein komplexes Thema im veganen Kontext. In der Landwirtschaft ist es fast unmöglich, zu verhindern, dass Insekten und andere kleine Tiere während der Ernte unbeabsichtigt in die Produkte gelangen. Dies betrifft zahlreiche Lebensmittel, von Gemüse und Obst bis zu Zutaten für alkoholische Getränke.

In der veganen Philosophie wird anerkannt, dass absolute Perfektion in der Vermeidung jeglicher Form von Tierleid praktisch nicht immer umsetzbar ist. Veganismus zielt darauf ab, Tierleid und -ausbeutung so weit wie möglich zu minimieren. Die unbeabsichtigte Aufnahme von Insekten durch landwirtschaftliche Praktiken wird daher oft als unvermeidbar angesehen. Es ist wichtig, dass Veganer sich dieser Herausforderungen bewusst sind und bewusste Entscheidungen treffen, die den Tierschutz und ethische Praktiken fördern. Dies beinhaltet die Auswahl von Produkten, die unter Berücksichtigung des Tierwohls hergestellt wurden, und die Unterstützung von landwirtschaftlichen Methoden, die das Risiko der unbeabsichtigten Aufnahme von Tieren minimieren.

GENTLE VEGAN

Kapitel 04

Mahlzeitenplanung und Einkaufen

Einen veganen Speiseplan erstellen

Der Beginn einer veganen Lebensweise ist eine transformative Erfahrung, und das Fundament dieser Veränderung liegt in einem gut durchdachten Speiseplan. Dieses Unterkapitel zielt darauf ab, Sie durch die Feinheiten der Erstellung eines veganen Speiseplans zu führen, der nicht nur ernährungsphysiologisch umfassend ist, sondern auch dem Gaumen Freude bereitet. Egal, ob Sie ein erfahrener Veganer sind oder gerade Ihre pflanzenbasierte Entdeckungsreise beginnen, dieser Leitfaden ist darauf ausgelegt, Ihre kulinarische Reise sowohl angenehm als auch nahrhaft zu gestalten.

Unverarbeitete, natürliche Lebensmittel sollten im Mittelpunkt Ihrer veganen Ernährung stehen. Dazu zählen eine breite Palette von Obst, Gemüse, Vollkornprodukten, Hülsenfrüchten, Nüssen und Samen. Diese Lebensmittel, reich an essenziellen Nährstoffen wie Vitaminen, Mineralien und Ballaststoffen, sind entscheidend für die Aufrechterhaltung optimaler Gesundheit. Indem Sie ein Gleichgewicht zwischen diesen Lebensmittelgruppen herstellen, sorgen Sie für eine Ernährung, die sowohl vielfältig als auch nahrhaft ist.

Bevor Sie sich intensiv mit der Speiseplanung

beschäftigen, ist es wichtig, Ihre einzigartigen Ernährungsbedürfnisse zu bewerten. Ihr Alter, Aktivitätsniveau und spezifische Gesundheitsüberlegungen beeinflussen Ihre Ernährungsentscheidungen. Diese Selbsteinschätzung hilft Ihnen, Ihre Kalorien- und Makronährstoffaufnahme individuell anzupassen. Bei Unsicherheiten kann die Konsultation eines veganfreundlichen Ernährungsberaters wertvolle Einsichten bieten.

Beim Entwurf Ihres wöchentlichen Menüs empfiehlt es sich, auf frische und saisonale Produkte zurückzugreifen. Saisonales Obst und Gemüse bieten oft mehr Geschmack und Nährstoffe. Ein Teller voller Farben sorgt für eine umfassende Aufnahme von Vitaminen und Mineralien. Getreide wie Quinoa und brauner Reis bieten langanhaltende Energie, während Hülsenfrüchte wie Kichererbsen und Linsen hervorragende Proteinquellen sind. Vergessen Sie nicht die gesunden Fette! Avocado, Nüsse und Samen sind nicht nur köstlich, sondern auch essenziell für die Gehirngesundheit und Nährstoffaufnahme.

Vorkochen und die Vorbereitung von Mahlzeiten können auf dieser Reise sehr hilfreich sein. Durch das Zubereiten größerer Mengen von Grundnahrungsmitteln wie Getreide und Bohnen haben Sie immer eine Basis für verschiedene Mahlzeiten zur

Hand. Vorbereitetes Obst und Gemüse erleichtert das schnelle Zubereiten eines nahrhaften Snacks oder das Hinzufügen frischer Elemente zu den Mahlzeiten.

Denken Sie daran, dass sowohl Struktur als auch Flexibilität wichtig sind. Gelegentliche Genüsse sind in Ordnung. Experimentieren Sie mit neuen Rezepten, entdecken Sie verschiedene Aromen und halten Sie Ihre Mahlzeiten spannend und abwechslungsreich. Mit diesen Richtlinien und einem Hauch von Kreativität wird Ihr veganer Speiseplan nicht nur Ihre Gesundheit unterstützen, sondern auch Freude auf Ihren Esstisch bringen. Genießen Sie das pflanzenbasierte Leben und die Vielfalt der Geschmacksrichtungen und Nährstoffe, die es bietet.

Clever Einkaufen für die vegane Küche

Der Beginn einer veganen Lebensweise erfordert mehr als nur eine Leidenschaft für pflanzenbasiertes Leben; es verlangt ein geschicktes Verständnis dafür, wie man klug und effizient einkauft. Dieses Unterkapitel soll Ihnen das Wissen und das Selbstvertrauen vermitteln, um sich wie ein erfahrener Veganer durch die Supermarktregale zu navigieren.

Planung ist das Fundament eines erfolgreichen veganen Einkaufs. Bevor Sie überhaupt einen Fuß in den Laden setzen, erstellen Sie eine Liste der notwendigen Lebensmittel. Dies strukturiert nicht nur Ihr Einkaufserlebnis, sondern hilft auch, Impulskäufe zu vermeiden, die nicht Ihrem veganen Ethos entsprechen könnten. Indem Sie Ihre Mahlzeiten für die kommende Woche planen, können Sie Ihre Einkaufsliste so gestalten, dass sie eine vielfältige Auswahl an Obst, Gemüse, Getreide, Hülsenfrüchten und pflanzlichen Proteinen enthält.

Im Geschäft angekommen, beginnen Sie am besten in der Abteilung für frische Lebensmittel. Eine bunte Auswahl an Obst und Gemüse sollte die Grundlage Ihrer veganen Ernährung bilden. Wann immer möglich, wählen Sie saisonale und lokale Produkte, da diese oft frischer und geschmackvoller sind.

Während Sie durch die Gänge schlendern, machen Sie sich mit der Vielzahl an veganen Alternativen vertraut. Die Milchprodukte-Abteilung beispielsweise bietet mittlerweile pflanzenbasierte Milchalternativen wie Mandel-, Soja-, Hafer- und Kokosmilch. Im Proteinbereich könnten Sie von Tofu, Tempeh und Seitan überrascht sein, allesamt hervorragende

Fleischersatzprodukte. Und für Tage, an denen es schnell gehen muss oder Sie Lust auf etwas Besonderes haben, bietet der Tiefkühlbereich vegane Fertiggerichte, Gemüseburger und sogar pflanzenbasiertes Eis.

Das genaue Lesen von Produktetiketten ist eine Fähigkeit, die jeder vegan einkaufende Mensch beherrschen sollte. Versteckte nicht-vegane Inhaltsstoffe wie Gelatine, Molke oder Casein können sich in scheinbar veganfreundlichen Produkten verbergen. Wenn Sie sich mit anerkannten veganen Zertifizierungen wie dem Logo der Vegan Society oder dem "Certified Vegan"-Siegel vertraut machen, kann die Produktauswahl einfacher werden.

Erforschen Sie die Vielfalt und Kreativität der veganen Küche. Die Welt der pflanzlichen Ernährung bietet weit mehr als nur die Standardauswahl; sie ist eine Schatzkiste voller vielfältiger Getreidearten, Hülsenfrüchte und sogenannter Superfoods. Jedes dieser Lebensmittel, sei es Quinoa, Emmer (eine alte Getreideart), Chiasamen oder Spirulina, öffnet eine Tür zu neuen Geschmackserlebnissen. Trauen Sie sich, Neues auszuprobieren und die zahlreichen Facetten der veganen Kochkunst zu entdecken. So wird jeder Einkauf zu einer Entdeckungsreise und bereichert Ihren Speiseplan mit spannenden und gesunden Optionen.

Im Wesentlichen ist kluges vegan Einkaufen eine

Mischung aus Vorbereitung, Erkundung und einem scharfen Auge für Details. Wenn Sie sich zunehmend an diesen Lebensstil gewöhnen, werden Sie Freude an der Fülle und Vielfalt finden, die der Veganismus bietet, und sicherstellen, dass jede Mahlzeit sowohl eine Freude für die Sinne als auch ein Segen für Ihre Gesundheit ist.

Grundausstattung für die vegane Speisekammer

Der Übergang zu einem veganen Lebensstil wird einfacher, wenn Ihre Speisekammer mit pflanzlichen Grundnahrungsmitteln gut bestückt ist. Eine gut sortierte Speisekammer stellt sicher, dass Sie stets in der Lage sind, nahrhafte und köstliche Mahlzeiten zuzubereiten, auch wenn es mal schnell gehen muss.

Vollkornprodukte, darunter Quinoa, brauner Reis, Hafer und Vollkornnudeln, sollten die Basis Ihrer Speisekammer bilden. Diese Getreidesorten sind Nährstoffwunder, die Ballaststoffe, Protein und B-Vitamine bieten. Dazu passen Hülsenfrüchte wie Linsen, Kichererbsen und schwarze Bohnen. Sie sind reich an Protein und unglaublich vielseitig, unverzichtbar für eine Vielzahl veganer Gerichte.

In Ihrer Speisekammer sollten auch Nüsse und Samen für den nötigen Crunch und zusätzliche Nährstoffe sorgen. Mandeln, Walnüsse, Chiasamen, Leinsamen und Hanfsamen bieten nicht nur gesunde Fette, Protein und Omega-3-Fettsäuren, sondern bereichern Gerichte auch mit ihrer Textur und ihrem Geschmack. Ob Sie nun hausgemachte Nussmilch herstellen, einen Salat verfeinern oder energiereiche Snacks kreieren, diese Grundlagen sind immer zur Stelle.

Pflanzliche Milch- und Joghurtalternativen sind ebenfalls ein Muss. Mandel-, Soja-, Hafer- oder Kokosmilch können problemlos Milch in Rezepten ersetzen, während vegane Joghurts, die aus Quellen wie Soja oder Mandeln gewonnen werden, köstliche Snacks oder Rezeptzutaten sind. Viele dieser Alternativen sind angereichert, um sicherzustellen, dass Sie wichtige Nährstoffe wie Kalzium, Vitamin D und Vitamin B12 nicht verpassen.

Geschmack ist beim Kochen entscheidend, und eine vegane Speisekammer sollte voller Würzmittel und Saucen sein, um jedes Gericht aufzuwerten. Grundlagen wie Tamari oder Sojasauce, Hefeflocken für den käsigen Kick, Tahini und eine Vielzahl von Kräutern und Gewürzen sorgen dafür, dass Ihre Mahlzeiten immer geschmackvoll sind.

Obwohl eine vegane Ernährung an sich reich an Nährstoffen ist, erfordert Vitamin B12 Aufmerksamkeit, da es hauptsächlich in tierischen Produkten vorkommt. Es ist klug, ein veganfreundliches B12-Präparat in Ihrer Speisekammer zu haben, um sicherzustellen, dass Sie Ihren Nährstoffbedarf decken.

Schließlich darf die Bequemlichkeit von Konserven nicht unterschätzt werden. Tomaten, Kokosmilch und verschiedene Bohnen können die Basis für viele schnelle Mahlzeiten bilden, sei es für Suppen, Eintöpfe oder Currys.

Das regelmäßige Überprüfen der Frische Ihrer Vorräte stellt sicher, dass Sie immer das Beste konsumieren. Mit einer Speisekammer, die mit diesen Grundlagen gefüllt ist, wird Ihre vegane Reise nicht nur zu einer Sache der Gesundheit und Ethik, sondern auch zu einer Freude, köstliche pflanzenbasierte Mahlzeiten zu kreieren und zu genießen.

Unverarbeitete Lebensmittel

Unverarbeitete Lebensmittel sind das Rückgrat einer gesunden und ausgewogenen Ernährung. Sie sind Lebensmittel in ihrer natürlichsten Form, unbeeinflusst von industrieller Verarbeitung. Diese

Lebensmittel zeichnen sich durch das Fehlen künstlicher Zusatzstoffe, Konservierungsmittel, künstlicher Süßstoffe und Farbstoffe aus, die häufig in verarbeiteten Produkten zu finden sind.

Die Vorteile unverarbeiteter Lebensmittel sind vielfältig und weitreichend. Diese Nahrungsmittel sind in der Regel reich an essenziellen Nährstoffen und bieten Vitamine, Mineralstoffe, Ballaststoffe und Antioxidantien in ihrer natürlichen Form, was für die Aufrechterhaltung guter Gesundheit unerlässlich ist. Im Gegensatz zu verarbeiteten Lebensmitteln, die oft isolierte Nährstoffe oder künstlich zugesetzte Vitamine und Mineralien enthalten, bieten unverarbeitete Lebensmittel eine natürliche Ganzheit. Diese Ganzheit ermöglicht es dem Körper, die Nährstoffe effizienter zu nutzen.

Darüber hinaus sind unverarbeitete Lebensmittel oft reich an Ballaststoffen, die nicht nur die Verdauungsgesundheit unterstützen, sondern auch ein länger anhaltendes Sättigungsgefühl bieten. Dies kann besonders vorteilhaft sein für Menschen, die ihr Gewicht kontrollieren wollen. Die natürlichen Ballaststoffe in diesen Lebensmitteln tragen auch dazu bei, den Blutzuckerspiegel zu stabilisieren, was wiederum das Risiko von Typ-2-Diabetes verringern kann.

Der Verzehr unverarbeiteter Lebensmittel fördert auch eine nachhaltigere Ernährungsweise. Da diese Lebensmittel weniger Verpackung und Verarbeitung benötigen, tragen sie zu einem geringeren ökologischen Fußabdruck bei. Dies ist nicht nur gut für die Umwelt, sondern fördert auch ein größeres Bewusstsein für die Herkunft und Qualität der Nahrung.

Trotz der zahlreichen Vorteile ist der Konsum unverarbeiteter Lebensmittel in der heutigen schnelllebigen Gesellschaft eine Herausforderung. Die Bequemlichkeit verarbeiteter Lebensmittel, ihre weite Verfügbarkeit und oft intensiven Geschmacksprofile machen sie zu einer verlockenden Wahl. Es ist jedoch wichtig, das Bewusstsein für die langfristigen gesundheitlichen Auswirkungen zu schärfen und die Entscheidung für unverarbeitete Lebensmittel als Teil eines gesunden Lebensstils zu fördern.

Abschließend lässt sich sagen, dass unverarbeitete Lebensmittel eine wesentliche Rolle in einer gesunden Ernährung spielen. Sie bieten nicht nur ernährungsphysiologische Vorteile, sondern tragen auch zu einem nachhaltigeren und gesundheitsbewussteren Lebensstil bei. Die Entscheidung, unverarbeitete Lebensmittel in den Speiseplan zu integrieren, ist ein Schritt in Richtung langfristiger Gesundheit und Wohlbefinden.

GENTLE VEGAN

Kapitel 05

Vegane Rezepte für Anfänger

Grundlagen der veganen Küche

Die vegane Küche ist ein Fest der natürlichen Fülle, bei dem die reichen Aromen, Texturen und Nährstoffe pflanzlicher Zutaten genutzt werden, um Gerichte zu kreieren, die nicht nur nahrhaft, sondern auch köstlich und befriedigend sind. Mit zunehmender Hinwendung zu einem veganen Lebensstil hat sich die Kunst des veganen Kochens weiterentwickelt und bietet eine vielfältige Palette kulinarischer Erlebnisse.

Eine der ersten Herausforderungen für neue Veganer ist das Finden von Ersatz für tierische Zutaten. Glücklicherweise gibt es für fast alles vegane Alternativen. Nährhefe kann beispielsweise einen käsigen Geschmack bieten, während gemahlene Leinsamen oder Chiasamen, gemischt mit Wasser, Eier beim Backen ersetzen können. Pflanzliche Milchsorten aus Mandeln, Hafer oder Soja sind hervorragende Milchersatzstoffe.

Die vegane Küche umfasst eine breite Palette an Techniken. Vom Sautieren, Rösten und Grillen bis hin zum Dämpfen und Schmoren – das Verständnis dafür, wie jede Methode Geschmack und Textur beeinflusst, kann Ihre Gerichte aufwerten. So kann das Rösten von Gemüse dessen Süße intensivieren, während Blanchieren die leuchtenden Farben erhält.

Kräuter, Gewürze und Würzmittel sind die Seele der veganen Küche. Sie können einfache Zutaten in Gourmetgerichte verwandeln. Ob es die Wärme von Kreuzkümmel, die Säure von Zitronensaft oder die Frische von Basilikum ist – das Erlernen der richtigen Würzung Ihrer Gerichte ist entscheidend. Veganes Kochen bedeutet nicht, auf Geschmack zu verzichten; es geht darum, neue Geschmackshorizonte zu erkunden.

Zuletzt geht es beim veganen Kochen um Experimentierfreude. Es ist eine Reise, neue Aromen, Texturen und Kombinationen zu entdecken. Scheuen Sie sich nicht, Rezepte nach Ihren Vorlieben anzupassen oder neue Zutaten auszuprobieren. Die Freude am veganen Kochen liegt in seiner Kreativität und den endlosen Möglichkeiten, die es bietet. Tauchen Sie in die Welt der veganen Küche ein, lassen Sie sich von diesen grundlegenden Prinzipien leiten, sodass jede Mahlzeit ein Zeugnis für die Reichhaltigkeit und Vielseitigkeit der pflanzenbasierten Küche ist.

Vegane Frühstücksideen

Beginne deinen Tag mit diesen schnellen und einfachen veganen Frühstücksideen, die sowohl lecker als auch nahrhaft sind. Egal, ob du ein erfahrener Veganer bist oder gerade erst deine pflanzenbasierte Reise beginnst, diese Rezepte sind perfekt für jeden. Vollgepackt mit gesunden Zutaten, sorgen diese Frühstücksoptionen dafür, dass du dich den ganzen Morgen über energiegeladen und zufrieden fühlst. Von süßen bis zu herzhaften Optionen, wir haben eine Vielzahl an schmackhaften veganen Frühstücksideen, die deine Morgenstunden erleichtern.

Ein einfacher Start in den Tag ist der Overnight Chia Pudding. Für dieses nährstoffreiche Frühstück mischst du einfach Chiasamen, pflanzliche Milch und einen Süßstoff deiner Wahl in einem Glas und lässt es über Nacht im Kühlschrank. Am nächsten Morgen erwartet dich ein cremiger, befriedigender Pudding, den du mit frischen Früchten, Nüssen oder Granola toppen kannst, um zusätzliche Textur und Geschmack hinzuzufügen.

Für Liebhaber des klassischen Frühstücks gibt es den Avocado-Toast mit einer veganen Note. Toast eine Scheibe Vollkornbrot und verteile zerdrückte Avocado darauf. Gewürzt mit Salz, Pfeffer und einem Spritzer Zitronensaft, ist es ein Genuss. Füge für extra Protein etwas geschnittenes Tofu hinzu oder bestreue es mit Hanfsamen. Dieses schnelle und einfache Frühstück hält dich lange satt.

Am Wochenende oder wenn du mehr Zeit hast, sind vegane Pfannkuchen eine wunderbare Wahl. Mische Mehl, pflanzliche Milch, Backpulver und einen Süßstoff deiner Wahl, bis der Teig glatt ist. Koche ihn dann in einer beschichteten Pfanne. Serviere die fluffigen Pfannkuchen mit frischem Obst, Ahornsirup oder Nussbutter für ein herrliches Frühstück.

Eine erfrischende Alternative ist die Smoothie-Bowl. Mische deine Lieblingsfrüchte, Blattgrün und pflanzliche Milch, um einen schmackhaften Smoothie zu kreieren. Gieße ihn in eine Schüssel und toppe ihn mit Granola, Kokosflocken und einer Vielzahl von Samen. Diese lebendige und nährstoffreiche Option hält dich erfrischt und genährt.

Für eine herzhafte Frühstücksoption bietet sich ein köstliches Tofu-Rührei an. Zerkrümle festen Tofu und brate ihn mit deinen Lieblingsgemüsen wie Paprika, Zwiebeln und Spinat an. Würze mit Kurkuma, Hefeflocken und Gewürzen deiner Wahl. Serviere es mit Vollkorntoast oder wickle es in eine Tortilla für ein proteinreiches Frühstück.

Diese schnellen und einfachen veganen Frühstücksideen ermöglichen es dir, deinen Tag richtig zu beginnen und dabei eine Vielzahl von Geschmacksrichtungen und Texturen zu genießen. Ob du den süßen Chia-Pudding oder das herzhafte Tofu-

Rührei bevorzugst, diese Rezepte sind so konzipiert, dass sie dir die notwendigen Nährstoffe liefern, um deinen Tag energievoll zu starten. Integriere diese pflanzenbasierten Frühstücksoptionen in deine Routine und erlebe die vielfältigen Vorteile einer veganen Ernährung.

Gesundes und veganes Mittagessen

Die Hinwendung zum Veganismus malt das Bild einer Welt, die sich auf Gesundheit, Mitgefühl und Nachhaltigkeit zubewegt. Stelle dir vor, du beginnst deine vegane Reise mit einem erfrischenden Quinoa- und Schwarze-Bohnen-Salat. Dieses farbenfrohe Gericht vereint den nussigen Geschmack von Quinoa mit der Sättigungskraft schwarzer Bohnen und wird durch Kirschtomaten, Mais und Avocado ergänzt. Ein Spritzer Olivenöl und Limettensaft hebt die Aromen hervor, während ein wenig Koriander eine frische Note hinzufügt.

Für Liebhaber der asiatischen Küche empfiehlt sich ein Tofu-Stir-Fry. In der Pfanne gebratene Tofuwürfel, geworfen mit bunten Paprikas, Brokkoli und Zuckerschoten in einer würzigen Soja- und Ingwersauce, können ein köstliches Mittagessen sein. Serviert auf einem Bett aus braunem Reis oder Nudeln, ist dieses Gericht sowohl nahrhaft als auch voller Geschmack.

Sandwich-Enthusiasten könnten sich über ein Tempeh-BLT freuen. Dünn geschnittenes, mariniertes Tempeh ist ein fantastischer Ersatz für Speck. Geschichtet mit knackigem Salat, saftigen Tomaten und einem Hauch veganer Mayo zwischen zwei Scheiben Vollkornbrot ist es ein klassisches Sandwich neu interpretiert.

An kühleren Tagen wärmt eine Linsen-Gemüse-Suppe die Seele. Diese herzhafte Brühe, gefüllt mit grünen Linsen, Karotten, Sellerie und Tomaten, ist sowohl tröstlich als auch nahrhaft. Ein Hauch von Rosmarin und Thymian hebt ihre erdigen Aromen hervor.

Für eine mediterrane Note bietet sich ein Kichererbsen-Spinat-Wrap an. Zerdrückte Kichererbsen, gemischt mit Olivenöl, Knoblauch und einem Spritzer Zitronensaft, auf einem Vollkornwrap, belegt mit frischem Spinat, Gurken und Tomaten, ist eine erfrischende Mittagswahl. Zusammen gerollt bietet jeder Bissen einen Geschmacksexplosion.

Zuletzt, für diejenigen, die es gerne etwas würziger mögen, könnte ein Seitan-Gemüse-Curry genau das Richtige sein. Zarte Seitanstücke, gekocht mit Blumenkohl, Erbsen und Kartoffeln in einer reichhaltigen Kokosnuss- und Tomatensauce, gewürzt mit Kreuzkümmel, Kurkuma und Garam Masala, ist ein bezauberndes Fusionsgericht. Zusammen mit Fladenbrot oder Reis serviert, verspricht es ein zufriedenstellendes Mahl.

Diese veganen Mittagsideen zeigen, dass jedes Gericht mehr als nur eine Mahlzeit ist; es ist ein Zeugnis für die Vielseitigkeit und den Reichtum der pflanzenbasierten Küche. Ob aus gesundheitlichen Gründen, aus Umweltbedenken oder aus Liebe zur kulinarischen Entdeckung, lassen diese Rezepte ein Mittagsfest inspirieren, das Körper und Seele nährt.

Köstliches veganes Abendessen

Beim Übergang zu einem veganen Lebensstil kann das Abendessen sowohl die aufregendste als auch die herausforderndste Mahlzeit des Tages sein. Mit ein wenig Kreativität und einigen Schlüsselzutaten lassen sich jedoch köstliche und befriedigende vegane Abendessen kreieren, die dich genährt und zufriedenstellen werden.

Eine der einfachsten, aber dennoch köstlichsten veganen Abendessenoptionen ist ein herzhaftes Gemüse-Stir-Fry. Vollgepackt mit buntem Gemüse wie

Paprika, Brokkoli, Karotten und Pilzen, sind Stir-Fries eine großartige Möglichkeit, eine Vielzahl von Geschmacksrichtungen und Nährstoffen in deine Mahlzeit zu integrieren. Du kannst Tofu, Tempeh oder pflanzliche Proteinalternativen hinzufügen, um den Proteingehalt zu erhöhen. Serviere es über einem Bett aus braunem Reis oder Quinoa für eine vollständige und sättigende Mahlzeit.

Eine weitere beliebte vegane Abendessenoption ist eine wärmende Schüssel veganes Chili. Hergestellt aus Bohnen, Tomaten, Zwiebeln und einer Vielzahl von Gewürzen, ist Chili ein vielseitiges Gericht, das du nach deinem Geschmack anpassen kannst. Du kannst Nierenbohnen, schwarze Bohnen oder Kichererbsen als Basis verwenden und deine Lieblingsgemüse wie Mais, Zucchini oder Süßkartoffeln hinzufügen. Kröne es mit einigen Avocadoscheiben und einer Prise frischem Koriander für einen Geschmacksschub.

Für diejenigen, die Lust auf mediterrane Aromen haben, sind vegane Falafel-Wraps eine köstliche und nahrhafte Option. Aus Kichererbsen, Kräutern und Gewürzen hergestellt, sind Falafels außen knusprig und innen zart. Fülle sie in ein Vollkorn-Pita-Brot oder wickle sie in Salatblätter, und füge etwas würzige Tahini-Sauce, frisches Gemüse und Pickles für eine befriedigende Mahlzeit hinzu, die deine Geschmacksknospen in die Straßen von Beirut entführt.

Wenn du nach einer eleganteren Abendessenoption suchst, probiere ein veganes Pilz-Risotto. Cremig und verführerisch, wird Risotto traditionell mit Butter und Käse zubereitet, aber du kannst es leicht veganisieren, indem du Gemüsebrühe, Olivenöl und Nährhefe für einen käseähnlichen Geschmack verwendest. Füge einige angebratene Pilze, Erbsen und eine Prise frischer Kräuter hinzu für ein Gourmet-Gericht, das selbst die anspruchsvollsten Gaumen beeindrucken wird.

Dies sind nur einige Beispiele für die zahlreichen köstlichen veganen Abendessenoptionen, die dir zur Verfügung stehen. Egal, ob du ein erfahrener Veganer bist oder gerade erst deine pflanzengestützte Reise beginnst, das Experimentieren mit verschiedenen Aromen, Texturen und Zutaten wird eine Welt voller Möglichkeiten für befriedigende und nahrhafte Mahlzeiten eröffnen. Also schnapp dir deine Schürze, werde kreativ in der Küche und genieße die Fülle an pflanzenbasierter Köstlichkeit, die auf dich wartet!

Dekadente vegane Desserts

Der Übergang zu einem veganen Lebensstil bedeutet keineswegs, auf verführerische Desserts verzichten zu müssen. In diesem Unterkapitel wirst du in eine Welt veganer Köstlichkeiten eingeführt, die ebenso entzückend wie nahrhaft sind. Ob du ein erfahrener Veganer bist oder gerade erst deine pflanzenbasierte Reise beginnst, diese Desserts werden sicherlich deinen Gaumen verzaubern.

Stelle dir eine samtige Schokoladenmousse vor, nicht mit Sahne, sondern aus der cremigen Textur reifer Avocados, gemixt mit rohem Kakaopulver und einem Hauch von Ahornsirup gesüßt. Oder denke an einen Käsekuchen ohne Backen, kreiert aus eingeweichten Cashewnüssen und Kokoscreme, auf einem Boden aus Datteln und Nüssen, der ein reichhaltiges und erfrischendes Geschmackserlebnis bietet.

Für diejenigen, die den klassischen Genuss eines Brownies suchen, gibt es eine vegane Version, zubereitet mit Mandelmehl, Kakaopulver und Leinsamen, die einen feuchten und fudgy Biss verspricht. Und für eine elegante Note bietet sich ein veganes Tiramisu an, mit Schichten von kaffeegetränktem Biskuitkuchen und einer cremigen Mischung aus Cashewnüssen, Kokosmilch und einem Hauch von Kaffeelikör, alles gekrönt mit einer Bestäubung von Kakaopulver. Nicht zu vergessen ist ein erfrischendes Matcha-Grüntee-Eis, bei dem die Cremigkeit der Kokosmilch auf das lebendige und antioxidationsreiche Matcha-Grünteepulver trifft.

Diese Desserts wurden nicht nur für den Genuss,

sondern auch mit Blick auf die Gesundheit kreiert. Sie sind frei von raffiniertem Zucker und künstlichen Zusätzen und basieren stattdessen auf vollwertigen Lebensmitteln wie Früchten, Nüssen und Samen. Diese Zutaten verbessern nicht nur den Geschmack, sondern bereichern jedes Dessert auch mit wichtigen Nährstoffen. Egal, ob du einen besonderen Anlass feierst oder einfach nur ein süßes Verlangen stillst, diese veganen Desserts sind beeindruckend für jeden, ob vegan oder nicht. Erkunde diese Rezepte und entdecke die köstliche Schnittstelle von Genuss und Gesundheit in der Welt der veganen Desserts.

GENTLE VEGAN

Kapitel 06

Optimierung der sportlichen Leistung mit einer veganen Ernährung

Pflanzenbasierte Ernährung für Sportler

Sportler fordern ihren Körper ständig bis an seine Grenzen, was eine optimale Ernährung zur Unterstützung ihrer Leistung und zur Förderung der Erholung erfordert. Während viele sich auf Protein als den primären Nährstoff für Muskelaufbau und -reparatur konzentrieren, ist die Quelle dieses Proteins – und das breitere Nährstoffprofil, das es mit sich bringt – von größter Bedeutung. Pflanzenbasierte Ernährung bietet einen umfassenden Ansatz, der den vielfältigen Bedürfnissen von Sportlern gerecht wird.

Pflanzliche Proteine, wie Linsen, Kichererbsen und schwarze Bohnen, sind nicht nur reich an essenziellen Aminosäuren, sondern auch vollgepackt mit Antioxidantien und wichtigen Mineralien. Diese Elemente unterstützen die Muskelfunktion, reduzieren oxidativen Stress, der durch Training induziert wird, und fördern schnellere Erholungszeiten aufgrund ihrer entzündungshemmenden Eigenschaften.

Quinoa, oft als Superfood gepriesen, ist mehr als nur eine Proteinquelle. Es ist reich an Magnesium, das für die Muskelfunktion und die Energieproduktion entscheidend ist. Dies macht Quinoa zu einem unschätzbaren Vermögenswert für Sportler, sowohl in der Leistungs- als auch in der Erholungsphase.

Die Rolle von Nüssen und Samen geht über ihren Proteingehalt hinaus. Sie sind Reservoirs für essentielle Fettsäuren, die wichtig sind, um Entzündungen zu reduzieren, die Gelenkgesundheit zu unterstützen und die kognitive Schärfe zu gewährleisten – ein Schlüsselfaktor für Sportler, bei denen Strategie und Koordination entscheidend sind.

Obwohl Gemüse vielleicht nicht der primäre Proteinlieferant ist, bereichert es die Ernährung von Sportlern mit Mikronährstoffen, die Stoffwechselwege stärken. Diese Wege sind integral für die Energieproduktion und die Muskelaktivität.

Für Sportler mit erhöhtem Proteinbedarf, besonders während intensiver Trainingsphasen, bieten pflanzenbasierte Proteinpulver eine praktische Lösung. Diese können in Erholungsshakes integriert werden, um sicherzustellen, dass die Proteinziele erreicht werden. Der Schwerpunkt sollte jedoch darauf liegen, Nährstoffe aus Vollwertkost zu beziehen und Nahrungsergänzungsmittel als sekundäre Option zu betrachten.

Im Bereich der sportlichen Leistung ist Ernährung vielfältig. Es geht nicht nur um Protein; es geht darum, das volle Spektrum an Nährstoffen zu nutzen, um

Leistung, Erholung und allgemeine Gesundheit zu optimieren. Pflanzenbasierte Ernährung verkörpert diesen ganzheitlichen Ansatz. Sportler, die dies annehmen, steigern nicht nur ihre Leistung, sondern setzen sich auch für einen nachhaltigen und mitfühlenden Lebensstil ein.

Für diejenigen, die tiefer in die Synergie zwischen Veganismus und sportlicher Leistung eintauchen möchten, bietet Gentle Vegan ein spezielles Buch, "The Gentle Guide to Plant-Powered Fitness", das einen umfassenden Leitfaden bietet, um sowohl im Training als auch im Wettkampf zu glänzen.

Nährstoff-Timing für vegane Athleten

Im Bereich der sportlichen Leistung ist nicht nur wichtig, was man isst, sondern auch, wann man es isst, kann entscheidend sein. Für vegane Athleten kann das Meistern der Kunst des Nährstoff-Timings sowohl die Leistung als auch die Erholung erheblich steigern. Diese Strategie dreht sich darum, spezifische Nährstoffe zu optimalen Zeiten zu konsumieren, um ihre maximalen Vorteile zu nutzen.

Bevor man in körperliche Aktivitäten eintaucht, ist es entscheidend, sicherzustellen, dass der Körper angemessen mit Energie versorgt ist. Eine Mischung aus leicht verdaulichen Kohlenhydraten und pflanzlichem Protein kann die Grundlage für ein produktives Training schaffen. Eine leichte Mahlzeit oder ein Snack, der Früchte, Vollkornprodukte und vegane Proteinquellen wie Tofu oder Tempeh umfasst, kann anhaltende Energie liefern und den Muskelabbau während des Trainings verhindern.

Die Art des Workouts bestimmt die Ernährungsbedürfnisse während der Aktivität. Während Hydratation, besonders bei kürzeren Sitzungen, entscheidend bleibt, könnten längere Ausdaueraktivitäten einen Energieschub erfordern. Leicht verdauliche Kohlenhydrate, sei es aus Energiegels, Früchten oder hausgemachten Energieriegeln, können helfen, das Energieniveau aufrechtzuerhalten und Ermüdung abzuwehren.

Sobald das Training beendet ist, verschiebt sich der Fokus auf die Erholung. Diese Phase ist entscheidend, um Glykogen wiederherzustellen und die Muskelregeneration zu fördern. Innerhalb des goldenen Zeitfensters von 30 Minuten bis zu einer Stunde nach dem Training kann eine Mischung aus Kohlenhydraten und pflanzlichem Protein Wunder wirken. Ein erfrischender Smoothie mit Früchten, Grünzeug, pflanzlichem Proteinpulver und einem Schuss Pflanzenmilch kann eine perfekte Wahl sein. Alternativ kann auch eine herzhafte Mahlzeit mit Getreide, Hülsenfrüchten und einer Vielfalt an Gemüse das Ziel treffen.

Wenn der Tag ausklingt und die Schlafenszeit naht, kann ein Snack von Vorteil sein. Langsam verdauende Proteinquellen, wie Tofu oder ein pflanzlicher Proteinshake, können eine kontinuierliche Versorgung mit Aminosäuren über Nacht sicherstellen und so die Muskelreparatur und das Wachstum fördern.

Nährstoff-Timing, obwohl wissenschaftlich in seinem Ansatz, ist zutiefst persönlich. Es erfordert das Einstimmen auf die Signale des eigenen Körpers, das Experimentieren mit dem, was am besten funktioniert, und möglicherweise die Suche nach Anleitung durch einen Ernährungsberater oder Sporternährungsexperten. Indem sie die Prinzipien des Veganismus mit strategischem Nährstoff-Timing verbinden, können Athleten nicht nur ihre Leistungsziele erreichen, sondern auch einen nachhaltigen und mitfühlenden Lebensstil fördern. Dieser Ansatz stellt sicher, dass Athleten gut ausgerüstet sind auf ihrer pflanzenbasierten Reise und sowohl ihre Gesundheit als auch ihre sportliche Leistungsfähigkeit optimieren.

Makronährstoffanpassung für verschiedene Sportarten

Die Anpassung der Makronährstoffe an die spezifischen Anforderungen verschiedener Sportarten ist ein Schlüsselelement, um die sportliche Leistung bei einer veganen Ernährung zu optimieren. Jede Sportart stellt unterschiedliche Anforderungen an den Körper, und entsprechend variieren auch die Bedürfnisse an Proteinen, Kohlenhydraten und Fetten.

In Ausdauersportarten wie dem Radsport ist die Zufuhr von Kohlenhydraten besonders wichtig. Sie dienen als Hauptenergiequelle für langandauernde, weniger intensive Aktivitäten. Radsportler sollten sich daher auf eine kohlenhydratreiche Ernährung konzentrieren, um ihre Energie über lange Strecken aufrechtzuerhalten. Vollkörner, Hülsenfrüchte, Obst und stärkehaltiges Gemüse sind ideale Quellen, um den Bedarf an langanhaltender Energie zu decken.

Im Gegensatz dazu benötigen Kraftsportler, wie Bodybuilder, eine höhere Proteinaufnahme, um Muskelwachstum und -reparatur zu unterstützen. Eine vegane Ernährung, die reich an proteinhaltigen Lebensmitteln wie Tofu, Seitan, Hülsenfrüchten und verschiedenen Samen und Nüssen ist, kann diesen erhöhten Proteinbedarf decken. Wichtig ist dabei, eine Vielfalt an Proteinquellen zu integrieren, um ein vollständiges Aminosäureprofil zu gewährleisten.

Auch Fette spielen in der Ernährung von Sportlern eine wichtige Rolle, insbesondere in Form von ungesättigten Fetten. Sie sind essentiell für die allgemeine Gesundheit und unterstützen unter anderem die Aufnahme fettlöslicher Vitamine und die Produktion von Hormonen. Nüsse, Samen, Avocados und pflanzliche Öle sind ausgezeichnete Quellen für gesunde Fette in einer veganen Sporternährung.

Zusammenfassend lässt sich sagen, dass die Anpassung der Makronährstoffzufuhr an die speziellen Anforderungen der jeweiligen Sportart essentiell ist, um die bestmögliche Leistung zu erzielen. Eine gut geplante vegane Ernährung kann alle notwendigen Makronährstoffe in den richtigen Verhältnissen bereitstellen, um sowohl Ausdauer- als auch Kraftsportler optimal zu unterstützen.

Hydration und Elektrolythaushalt

Hydration und Elektrolythaushalt sind grundlegend für Gesundheit, Vitalität und sportliche Leistung. Während Wasser allgemein als lebenswichtig anerkannt ist, wird das Verständnis der nuancierten Beziehung zwischen Hydration und Elektrolyten noch relevanter für diejenigen, die einen veganen Lebensstil annehmen.

Die vegane Ernährung, reich an Obst und Gemüse, bietet von Natur aus Lebensmittel mit hohem Wassergehalt. Diese natürliche Hydration ist ein Segen, mindert jedoch nicht die Notwendigkeit einer konstanten Wasseraufnahme. Regelmäßiges Trinken von Wasser, mit dem Ziel von etwa acht Gläsern täglich, stellt sicher, dass die Zellen des Körpers optimal funktionieren. Diese Aufnahme sollte auf Faktoren wie Klima, körperliche Anstrengung und individuelle Bedürfnisse angepasst werden.

Elektrolyte, die Mineralien, die für die Aufrechterhaltung des Flüssigkeitshaushalts des Körpers verantwortlich sind, sind ebenso entscheidend. Sie erleichtern Nervenimpulse, Muskelkontraktionen und helfen, den pH-Wert des Körpers zu regulieren. Während Sportgetränke oft als primäre Quelle für Elektrolyte vermarktet werden, kann eine gut geplante vegane Ernährung diese essenziellen Mineralien auf natürliche Weise bereitstellen.

Kalium, das für Herz- und Nierenfunktion wichtig ist, findet sich reichlich in Bananen, Orangen, Avocados und Kokoswasser. Kalzium, notwendig für die Knochengesundheit und Muskelfunktion, ist in angereicherten pflanzlichen Milchen, Tofu und Blattgemüse enthalten. Magnesium, das die Muskelfunktion und Nerven unterstützt, ist in Lebensmitteln wie Mandeln, Kürbiskernen und Vollkornprodukten vorhanden.

Die dynamische Natur unseres Körpers bedeutet jedoch, dass bestimmte Situationen, wie intensive Workouts oder heiße Klimazonen, zu einem erhöhten Elektrolytverlust durch Schweiß führen können. In solchen Szenarien ist es vorteilhaft, mit natürlichen Quellen wieder aufzufüllen. Ein erfrischendes Getränk aus Zitronenwasser, Gurkenscheiben und einer Prise Meersalz kann ein einfacher, aber effektiver Elektrolyt-Booster sein.

Kurz gesagt, während die vegane Ernährung eine Vielzahl von hydratisierenden und elektrolytreichen Lebensmitteln bietet, sind bewusste Anstrengungen erforderlich, um dieses empfindliche Gleichgewicht zu erhalten. Die Priorisierung der Hydration, das Bewusstsein für elektrolytreiche Lebensmittel und die Anpassung an individuelle Bedürfnisse sind die Eckpfeiler optimaler Gesundheit und Leistung in einer veganen Ernährung.

Vegane Nahrungsergänzungsmittel für sportliche Leistung

Der Aufstieg des Veganismus in der Sportgemeinschaft unterstreicht eine Hinwendung zu gesundheitsbewussten und nachhaltigen Entscheidungen. Während eine sorgfältig zusammengestellte vegane Ernährung die Ernährungsanforderungen von Athleten erfüllen kann, können bestimmte Nahrungsergänzungsmittel die Leistung und die allgemeine Gesundheit weiter stärken.

Vitamin B12 sticht als entscheidendes Supplement für vegane Athleten hervor. Vorwiegend in tierischen Produkten gefunden, ist dieses Vitamin unverzichtbar für Prozesse wie die Produktion roter Blutkörperchen, den Energiestoffwechsel und die Nervenfunktion. Seine Bedeutung wird für diejenigen, die ihre körperlichen Grenzen ausreizen, noch verstärkt.

Vitamin D, oft als das "Sonnenschein-Vitamin" bezeichnet, ist ein weiteres wesentliches. Obwohl unsere Haut es bei Sonneneinstrahlung synthetisieren kann, können Faktoren wie geografische Lage, Jahreszeit und überwiegendes Leben in Innenräumen zu Mängeln führen. Für Athleten geht es bei diesem Vitamin nicht nur um die Knochengesundheit; es ist entscheidend für Muskelstärke und Immunfunktion.

Omega-3-Fettsäuren, bekannt für ihre entzündungshemmenden Eigenschaften und kardiovaskulären Vorteile, werden traditionell aus Fisch gewonnen. Vegane Athleten können jedoch auf Algenöl- oder Leinöl-Präparate zurückgreifen, um sicherzustellen, dass sie die Vorteile dieser essentiellen Fette nutzen.

Protein, der Grundstein für Muskelreparatur und -wachstum, ist reichlich in pflanzlichen Lebensmitteln vorhanden. Doch für diejenigen mit erhöhtem Proteinbedarf können vegane Proteinpräparate, die aus Erbsen, Reis oder Hanf gewonnen werden, eine praktische Ergänzung zu ihrem Regime sein.

Kreatin, eine natürlich vorkommende Verbindung, die in unseren Muskeln gespeichert wird, versorgt kurze Phasen von hochintensiven Aktivitäten mit Energie. Obwohl es reichlich in tierischen Produkten vorhanden ist, müssen vegane Athleten nicht darauf verzichten. Pflanzliche Kreatinpräparate, oft aus fermentiertem Mais oder Rüben gewonnen, können dieselben leistungssteigernden Vorteile bieten.

Kurz gesagt, während eine vegane Ernährung das Fundament der sportlichen Ernährung sein kann, können diese Nahrungsergänzungsmittel die Leistung und Gesundheit feinjustieren. Es ist jedoch entscheidend, dass Athleten mit Gesundheitsfachleuten oder Diätassistenten zusammenarbeiten, um ihr Supplement-Regime individuell anzupassen. Dies stellt nicht nur Spitzenleistungen sicher, sondern entspricht auch dem Ethos eines mitfühlenden, pflanzenbasierten Lebensstils.

Für diejenigen, die einen umfassenden Ansatz zur veganen Fitness suchen, bietet Gentle Vegan spezialisierte, KI-gestützte Fitness-Coaching-Programme und eine Plattform, die Athleten auf ihrem veganen Weg unterstützt. Durch die Kombination von Expertenberatung mit evidenzbasierten Praktiken und modernster KI-Technologie stellt Gentle Vegan sicher, dass Athleten ihre Fitnessziele erreichen können, während sie ihren veganen Werten treu bleiben.

GENTLE VEGAN

Kapitel 07

Abnehmen mit veganer Ernährung

Wie eine vegane Ernährung den Gewichtsverlust unterstützt

Die Entscheidung, Gewicht verlieren zu wollen, führt oft zu kurzlebigen Diättrends oder anspruchsvollen Fitnessprogrammen. Eine nachhaltigere und ganzheitliche Alternative zur Gewichtsreduktion bietet jedoch die Umstellung auf eine vegane Ernährung. Nicht nur setzt sich der Veganismus für Umweltschutz und Tierschutz ein, er fördert auch die menschliche Gesundheit, wobei der Gewichtsverlust zu den vielen positiven Aspekten zählt.

Im Zentrum der veganen Ernährung steht die Betonung von unverarbeiteten, pflanzlichen Lebensmitteln. Diese Ernährungsweise basiert vorrangig auf Obst, Gemüse, Vollkornprodukten, Hülsenfrüchten, Nüssen und Samen. Diese nährstoffreichen und gleichzeitig kalorienarmen Lebensmittel sind zudem reich an Ballaststoffen, was das Sättigungsgefühl steigert und so das Risiko des Überessens reduziert. Diese natürliche Verringerung der Kalorienaufnahme unterstützt das Abnehmen, ohne ein Gefühl des Verzichts zu erzeugen.

Ein weiterer Pluspunkt der veganen Diät ist ihr

allgemein niedriger Fettgehalt, besonders im Vergleich zu gesättigten Fetten, die vor allem in tierischen Produkten zu finden sind. Zu viel gesättigtes Fett fördert nicht nur die Gewichtszunahme, sondern birgt auch Risiken für verschiedene chronische Krankheiten. Durch die Hinwendung zu einer pflanzenbasierten Ernährung reduziert man automatisch die Aufnahme dieser Fette und ebnet damit den Weg für eine erfolgreiche Gewichtsreduktion.

Die vegane Ernährung bietet weit mehr als nur einen geringen Kalorien- und Fettgehalt. Sie ist reich an essenziellen Nährstoffen, die in pflanzlichen Lebensmitteln enthalten sind. Diese spielen eine wichtige Rolle in den Stoffwechselprozessen und sorgen für eine effiziente Energiegewinnung aus der Nahrung. Zudem bekämpfen die in diesen Lebensmitteln enthaltenen Antioxidantien Entzündungen und oxidativen Stress, welche die Abnehmbemühungen sonst beeinträchtigen könnten.

Zusätzlich fördert der vegane Lebensstil oft ein gesteigertes Bewusstsein für die eigene Ernährung. Diese Achtsamkeit, die aus der Entscheidung für pflanzliche Optionen resultiert, stärkt die Verbindung zu den eigenen Lebensmittelentscheidungen und unterstützt gesündere Entscheidungen sowie ein besseres Verständnis für Sättigung und angemessene Portionsgrößen.

Es ist allerdings wichtig zu verstehen, dass Veganismus, wie jede Ernährungsweise, nicht für jeden die ideale Lösung zum Abnehmen darstellt. Ausgewogenheit, Vielfalt und Mäßigung sind auch hier von Bedeutung. Unter der veganen Option finden sich auch weniger nahrhafte Produkte wie manche verarbeitete Snacks oder zuckerhaltige Leckereien. Diese häufig zu konsumieren, kann die positiven Effekte einer ansonsten gesunden veganen Diät zum Abnehmen mindern.

Im Kern bietet der Veganismus für Abnehmwillige einen vielversprechenden Ansatz, doch seine wahre Stärke liegt in seinem umfassenden Konzept für das Wohlbefinden. Durch die Förderung von vollwertigen, nährstoffreichen Lebensmitteln und einer bewussten Verbindung zur eigenen Ernährung bietet der Veganismus einen nachhaltigen Pfad zur Gewichtskontrolle und einem gesünderen Lebensstil.

Strategien für gesunden und nachhaltigen Gewichtsverlust

Der Beginn einer Gewichtsreduktion, besonders im Rahmen einer veganen Ernährung, erfordert eine Mischung aus Entschlossenheit, Achtsamkeit und fundierten Strategien. Dieses Unterkapitel beleuchtet ganzheitliche Ansätze, die den Gewichtsverlust nicht nur effektiv, sondern auch nachhaltig und gesundheitsorientiert gestalten.

Zentral für eine erfolgreiche Gewichtsabnahme ist die Praxis des achtsamen Essens. Dies beinhaltet, ein gesteigertes Bewusstsein für die Signale des Körpers zu entwickeln, echten Hunger von emotionalen Gelüsten zu unterscheiden und eine wirkliche Verbindung mit der Nahrung auf dem Teller herzustellen. Indem man jeden Bissen genießt, das Essenstempo reguliert und während der Mahlzeiten wirklich anwesend ist, gewinnt man nicht nur mehr Freude am Essen, sondern reguliert auch natürlich seine Nahrungsaufnahme.

Die Grundlage einer veganen Gewichtsabnahme-Strategie sollte auf ganzen, nährstoffreichen Lebensmitteln basieren. Betonen Sie eine vielfältige Auswahl an lebendigen Früchten, grünem Gemüse, gehaltvollen Vollkornprodukten, proteinreichen Hülsenfrüchten sowie nahrhaften Nüssen und Samen. Diese Lebensmittel, die reich an essenziellen Nährstoffen sind, sind auch ballaststoffdicht und sorgen für anhaltende Sättigung, optimierte Verdauung und eine stetige Gewichtsabnahme.

Während die Qualität der Nahrung von größter

Bedeutung ist, bleibt die Menge in Form von Portionskontrolle ein entscheidender Aspekt der Gewichtsverwaltung. Streben Sie nach Mahlzeiten, die harmonisch ausbalanciert sind mit Kohlenhydraten, pflanzlichen Proteinen und gesunden Fetten. Das Einstimmen auf die Signale des Körpers kann Ihnen dabei helfen, Portionsgrößen anzupassen, die Ihren individuellen Energiebedürfnissen entsprechen.

Die Ergänzung von Ernährungsstrategien durch körperliche Aktivität verstärkt die Ergebnisse des Gewichtsverlusts. Integrieren Sie regelmäßige Trainingsroutinen, sei es die rhythmische Kadenz des Joggens, der belebende Rausch des Radfahrens oder die muskelaufbauenden Vorteile des Krafttrainings. Über den Kalorienverbrauch hinaus verbessert Sport den Stoffwechsel, stärkt die Herzgesundheit und fördert ein Gefühl ganzheitlichen Wohlbefindens.

In dem komplexen Prozess des Abnehmens spielt der Geist eine entscheidende Rolle. Chronischer Stress, oft ein heimlicher Saboteur, kann emotionale Essmuster auslösen. Kultivieren Sie Widerstandsfähigkeit gegen Stress durch Praktiken wie Yoga, Meditation oder sogar einfache Atemübungen. Das Eintauchen in Hobbys, die Ihrem Geist entsprechen, kann ebenfalls ein therapeutischer Weg zur Stressbewältigung sein.

Es ist wichtig zu bedenken, dass Gewichtsverlust eine

zutiefst persönliche Reise ist, die Geduld und Selbstmitgefühl erfordert. Vermeiden Sie die Verlockung schneller, drastischer Veränderungen zugunsten von allmählichem, beständigem Fortschritt. Freuen Sie sich über Ihre Meilensteine, egal wie klein, und schätzen Sie die breiteren positiven Auswirkungen Ihrer veganen Entscheidungen auf die globale Gesundheit, das ökologische Gleichgewicht und das Tierwohl.

Indem Sie diese Strategien in den Alltag integrieren, können Sie den Weg des Gewichtsverlusts mit Anmut beschreiten und sicherstellen, dass Ihre Reise nicht nur um das Abnehmen geht, sondern auch um die Annahme eines veganen Lebensstils, der Körper, Geist und Seele ganzheitlich verjüngt.

Pflanzliche Lebensmittel, die bei der Gewichtskontrolle helfen

Der Weg zur Gewichtskontrolle kann durch die Einbeziehung bestimmter pflanzlicher Lebensmittel erleichtert werden. Diese Lebensmittel, die von Natur aus reich an Nährstoffen und Ballaststoffen sind, stillen nicht nur den Hunger, sondern nähren auch den Körper, sodass die Gewichtskontrolle zu einem ganzheitlichen Erlebnis und nicht zu einem einschränkenden Vorhaben wird.

Grünes Blattgemüse ist Meister im Bereich der Gewichtskontrolle. Spinat, Grünkohl und Mangold, um nur einige zu nennen, sind voll von Nährstoffen und dennoch überraschend kalorienarm. Ihr hoher Ballaststoffgehalt sorgt für ein lang anhaltendes Sättigungsgefühl und macht sie zu einer idealen Wahl für diejenigen, die ihr Gewicht kontrollieren möchten, ohne dabei auf Nährstoffe zu verzichten. Ob in einem erfrischenden Smoothie gemixt, zu einem lebendigen Salat hinzugefügt oder in einem herzhaften Stir-Fry angebraten, diese Grünpflanzen finden mühelos ihren Weg in jede Mahlzeit.

Hülsenfrüchte, darunter Linsen, Kichererbsen und schwarze Bohnen, sind ein weiterer Grundpfeiler einer gewichtsbewussten, pflanzenbasierten Ernährung. Ihr doppelter Vorteil liegt im Proteingehalt und in den Ballaststoffen, die beide eine zentrale Rolle bei der Sättigung spielen. Durch die Integration von Hülsenfrüchten in Mahlzeiten kann man das Sättigungsgefühl erleben, das typischerweise mit tierischen Proteinen verbunden ist, jedoch ohne die zusätzlichen Kalorien.

Vollkornprodukte wie Quinoa, brauner Reis und

Hafer bieten mehr als nur Nahrung. Ihre komplexe Kohlenhydratstruktur sorgt für eine allmähliche Freisetzung von Energie, was schnelle Blutzuckerschwankungen verhindert, die Hungerattacken auslösen können. Mit diesen Körnern als Grundlage für Mahlzeiten kann man anhaltende Energie und reduzierte Gelüste genießen.

Früchte mit ihrer natürlichen Süße können Zuckergelüste stillen, ohne die kalorische Belastung verarbeiteter Süßigkeiten. Ihr Ballaststoffgehalt verstärkt zudem ihre Vorteile bei der Gewichtskontrolle. Nüsse und Samen sind zwar kalorienreich, bieten aber sättigende gesunde Fette und Proteine. In Maßen konsumiert, können sie ein wertvoller Verbündeter bei der Hungerkontrolle sein.

Die Einbeziehung dieser Lebensmittel in die Ernährung kann den Weg zu einer effektiven Gewichtskontrolle ebnen, während man gleichzeitig eine Vielzahl von Geschmacksrichtungen und Texturen genießt. Das Wesen eines ausgewogenen veganen Lebensstils liegt in der Wertschätzung der Fülle pflanzlicher Lebensmittel, von denen jedes auf seine Weise zur Gesundheit und zum Wohlbefinden beiträgt. Indem man die Vorteile dieser Lebensmittel nutzt, kann man sich auf eine erfüllende Reise zu einem harmonischen, pflanzenzentrierten Lebensstil begeben.

Achtsames Essen und emotionales Wohlbefinden

In einer Ära, die von ständigen Ablenkungen und hektischen Lebensstilen geprägt ist, kann die Bedeutung von mentaler und emotionaler Ausgeglichenheit nicht hoch genug eingeschätzt werden. Achtsames Essen erweist sich in diesem Kontext als Leuchtturm, der den Weg zum emotionalen Wohlbefinden durch die Brille unserer Ernährungsentscheidungen aufzeigt.

Achtsames Essen geht über das bloße Verzehren von Nahrung hinaus. Es ist eine umfassende Erfahrung, die uns dazu auffordert, während der Mahlzeiten vollständig präsent zu sein und auf das Zusammenspiel von Aromen, Texturen und Empfindungen, die jeder Bissen bietet, abgestimmt zu sein. Diese Praxis fördert eine tiefe Verbindung mit unserer Nahrung, ermöglicht es uns, Mahlzeiten in ihrer Gesamtheit zu genießen und dabei eine harmonische Beziehung zu unseren Ernährungsentscheidungen zu pflegen.

Emotionales Essen, oft ausgelöst durch Stress oder überwältigende Emotionen, kann die Grenzen zwischen physischem Hunger und emotionalen Leerstellen verwischen. Hier offenbart sich die transformative Kraft des achtsamen Essens. Indem wir uns in der Gegenwart verankern und die Emotionen, die unsere Essgewohnheiten antreiben, erkennen, können wir uns von impulsiven, emotiongetriebenen Entscheidungen hin zu bewussteren, nährenden Alternativen bewegen. Dieses gesteigerte Bewusstsein kann den Weg für gesündere Bewältigungsmechanismen ebnen, sei es durch Meditation, herzliche Gespräche oder andere therapeutische Ausdrucksformen.

Das Engagement für achtsames Essen vertieft auch unsere Wertschätzung für die kulinarische Reise. Indem wir jeden Bissen genießen, gewinnen wir nicht nur mehr Freude an unseren Mahlzeiten, sondern kultivieren auch Dankbarkeit für das komplexe Geflecht an Prozessen, das unsere Nahrung auf unsere Teller bringt. Diese Dankbarkeit kann sich über den Teller hinaus ausdehnen und eine tiefe Verbindung mit der Umwelt und den unzähligen Lebensformen, die uns ernähren, fördern.

Für diejenigen, die den veganen Weg beschreiten, kann achtsames Essen besonders bedeutsam sein. Indem sie ihre kulinarischen Entscheidungen mit ethischen und ökologischen Prinzipien in Einklang bringen, können Veganer ein tiefes Gefühl der Sinnhaftigkeit erleben, das ihr emotionales Wohlbefinden verstärkt. Das Erkennen der weiterreichenden Implikationen der eigenen Ernährungsentscheidungen kann ein Gefühl von Stolz und Erfüllung hervorrufen.

Im Kern ist achtsames Essen mehr als eine Ernährungspraxis; es ist eine Reise zur emotionalen Ausgeglichenheit. Indem wir die Gegenwart annehmen, unsere Emotionen anerkennen und die Fülle pflanzlicher Lebensmittel feiern, können wir einen Kurs zu einem ausgewogenen, emotional bereicherten veganen Dasein einschlagen. Diese Reise, geprägt von Intentionalität und Dankbarkeit, kann ein Eckpfeiler eines erfüllenden, pflanzenzentrierten Lebens sein.

GENTLE VEGAN

Kapitel 08

Veganismus und seine Auswirkungen auf die Gesundheit

Veganer Lebensstil und chronische Krankheiten

Chronische Krankheiten sind ein wachsendes Problem in der heutigen Gesellschaft. Während verschiedene Faktoren zu ihrer Verbreitung beitragen, gibt es zunehmend Belege dafür, dass Ernährungs- und Lebensstilentscheidungen eine bedeutende Rolle spielen. Die Umstellung auf einen veganen Lebensstil, der sich auf ganze pflanzliche Lebensmittel konzentriert, bietet einen ganzheitlichen Ansatz für die Gesundheit. Diese Lebensmittel sind natürlich reich an Antioxidantien, Phytonährstoffen und entzündungshemmenden Verbindungen, die den Ursachen vieler chronischer Erkrankungen entgegenwirken. Durch den Verzicht auf tierische Produkte reduzieren Individuen nicht nur ihre Aufnahme von gesättigten Fetten und Cholesterin, sondern erhöhen auch ihre Konsum von Lebensmitteln, die das allgemeine Wohlbefinden fördern.

Ein robustes Immunsystem ist unsere primäre Verteidigungslinie gegen Krankheiten, und eine pflanzliche Ernährung ist reich an Vitaminen, Mineralien und Antioxidantien, die die Immunfunktion stärken. Lebensmittel wie Beeren, Zitrusfrüchte, Blattgemüse und Nüsse bieten essentielle Nährstoffe, die die Fähigkeit unseres Körpers verbessern, Infektionen und Krankheiten abzuwehren. Darüber hinaus kann chronische Entzündung, die mit zahlreichen Gesundheitsproblemen von Arthritis bis zu Herz-Kreislauf-Erkrankungen in Verbindung gebracht wird, durch eine vegane Ernährung gemildert werden. Reichhaltige Quellen von Omega-3-Fettsäuren aus Leinsamen, Chiasamen und Walnüssen, kombiniert mit dem hohen Ballaststoffgehalt pflanzlicher Lebensmittel, unterstützen die Darmgesundheit und tragen weiter zur Reduzierung systemischer Entzündungen bei.

Über die körperlichen Gesundheitsvorteile hinaus kann die Annahme eines veganen Lebensstils die Lebensqualität erheblich verbessern. Die ethischen und umweltbezogenen Entscheidungen, die mit dem Veganismus einhergehen, führen oft zu einem gesteigerten Sinn für Zweck und Wohlbefinden. Viele Menschen berichten von gesteigerter Energie, besserem Schlaf und verbesserter Stimmung nach dem Übergang zu einer pflanzlichen Ernährung.

Zusammenfassend bietet der vegane Lebensstil einen transformativen Ansatz zur Bewältigung chronischer Krankheiten und zur Verbesserung der allgemeinen Gesundheit. Indem man sich auf nährstoffreiche, pflanzlich basierte Lebensmittel konzentriert, können

Individuen eine Reihe von Vorteilen erleben, von verbesserter Immunfunktion bis hin zu reduzierter Entzündung. Mit der Vielzahl an veganen Optionen, die heute verfügbar sind, ist der Übergang zu einer pflanzlichen Ernährung sowohl machbar als auch lohnend.

Veganismus und Herzgesundheit

Der Zusammenhang zwischen Ernährung und Herzgesundheit ist unbestreitbar, und der Veganismus bietet einen vielversprechenden Ansatz zur kardiovaskulären Gesundheit. Eine vegane Ernährung, die frei von tierischen Produkten ist, reduziert zwangsläufig die Aufnahme von gesättigten Fetten und Cholesterin, die beide mit Atherosklerose, der Bildung von Plaque in den Arterien, in Verbindung gebracht werden. Diese Plaquebildung kann zu schwerwiegenden Komplikationen führen, einschließlich Herzinfarkten und Schlaganfällen.

Pflanzliche Vollwertkost, das Fundament des Veganismus, ist von Natur aus reich an Ballaststoffen. Diese Ballaststoffe unterstützen nicht nur die Verdauung, sondern spielen auch eine entscheidende Rolle für die Herzgesundheit. Sie tragen dazu bei, schädliche Cholesterinwerte zu senken und den

Blutdruck zu stabilisieren, zwei wichtige Faktoren für die Herz-Kreislauf-Gesundheit. Lebensmittel wie Hülsenfrüchte, Vollkornprodukte und Beeren sind besonders reich an Ballaststoffen und bieten diese herzschützenden Vorteile.

Darüber hinaus ist die vegane Ernährung reich an Lebensmitteln, die von Natur aus wenig Natrium enthalten, einem Schlüsselelement in der Blutdruckkontrolle. Erhöhter Blutdruck oder Hypertonie ist ein stiller, aber mächtiger Risikofaktor für Herzerkrankungen. Durch die Betonung von Lebensmitteln wie frischem Gemüse, Obst und ungesalzenen Nüssen halten Veganer oft einen gesünderen Blutdruck.

Während Omega-3-Fettsäuren häufig mit Fisch in Verbindung gebracht werden, können sie auch aus pflanzlichen Quellen stammen. Diese essenziellen Fette, bekannt für ihre entzündungshemmenden Eigenschaften und die Fähigkeit, Cholesterin zu regulieren, finden sich in Leinsamen, Chiasamen und Walnüssen. Regelmäßiges Einbeziehen dieser in eine vegane Ernährung kann die herzschützenden Vorteile von Omega-3-Fettsäuren bieten, ohne auf tierische Quellen angewiesen zu sein.

Im Kern bietet der vegane Ernährungsansatz eine ganzheitliche Strategie für die Herzgesundheit. Er betont Lebensmittel, die die Herz-Kreislauf-Funktion natürlich unterstützen und minimiert solche, die Risiken bergen. Für alle, die Herzgesundheit priorisieren, ob zur Prävention oder zum Management, bietet ein veganer Lebensstil sowohl einen mitfühlenden als auch wissenschaftlich fundierten Weg nach vorne.

Vegane Ernährung zur Diabetes-Behandlung

Der Aufstieg des Veganismus ist mehr als nur ein Trend; er ist eine Antwort auf die zunehmenden Belege seiner gesundheitlichen Vorteile, insbesondere bei der Behandlung von Krankheiten wie Diabetes. Diabetes, gekennzeichnet durch erhöhte Blutzuckerwerte, kann durch Ernährungsgewohnheiten beeinflusst werden. Hier erfahren Sie, wie eine vegane Ernährung bei der Bewältigung dieser Erkrankung hilfreich sein kann.

Die Basis einer veganen Ernährung aus Vollkornprodukten, Hülsenfrüchten, Obst und Gemüse sorgt natürlich für eine geringere Aufnahme von gesättigten Fetten und Cholesterin. Diese Verbindungen können die Insulinresistenz verschlimmern, einen Schlüsselfaktor bei Diabetes. Indem diese minimiert und pflanzliche Lebensmittel betont werden, können Blutzuckerspiegel besser reguliert und diabetesbedingte Komplikationen reduziert werden.

Der hohe Ballaststoffgehalt in einer veganen Ernährung ist ein weiterer Vorteil für die Diabetesbehandlung. Ballaststoffe moderieren die Glukoseaufnahme und sorgen so für einen stabileren Blutzuckerspiegel nach den Mahlzeiten. Dies hilft nicht nur bei der Blutzuckerkontrolle, sondern fördert auch das Sättigungsgefühl, was bei der Gewichtskontrolle helfen kann, einem wichtigen Faktor bei der Diabeteskontrolle.

Bei der Anwendung eines veganen Ansatzes für Diabetes ist es entscheidend, nährstoffreiche Lebensmittel zu priorisieren. Diversifizieren Sie Ihre Proteinquellen mit Hülsenfrüchten, Tofu und Tempeh. Avocados, Nüsse und Samen sind hervorragende Quellen für herzgesunde Fette und essenzielle Fettsäuren. Obwohl Kohlenhydrate ein Grundnahrungsmittel in pflanzenbasierten Diäten sind, ist es wichtig, sich auf komplexe Kohlenhydrate zu konzentrieren. Lebensmittel wie Vollkornprodukte, Bohnen und bestimmte Gemüsesorten bieten diese komplexen Kohlenhydrate, die einen langsameren Einfluss auf den Blutzucker haben.

Angesichts der Feinheiten der Diabetesbehandlung ist es ratsam, mit einem Ernährungsberater zusammenzuarbeiten, der mit veganer Ernährung vertraut ist. Er kann helfen, einen individuell angepassten Ernährungsplan zu erstellen, der eine optimale Blutzuckerkontrolle und allgemeine Gesundheit gewährleistet.

Zusammengefasst bietet eine vegane Ernährung einen vielversprechenden Weg für Menschen, die Diabetes behandeln. Mit ihrem Schwerpunkt auf frischen, nährstoffreichen Lebensmitteln bietet sie einen Rahmen für stabile Blutzuckerwerte und eine allgemeine Verbesserung der Gesundheit. Wie bei jeder bedeutenden Ernährungsumstellung ist die Zusammenarbeit mit Fachleuten wichtig, um einen ausgewogenen und effektiven Ansatz zu gewährleisten.

Veganismus und Verdauung

Der vegane Lebensstil, oft für seine ethischen und ökologischen Vorteile gefeiert, bietet auch einen Segen für unsere Verdauungsgesundheit. Dieses Unterkapitel beschäftigt sich damit, wie eine vegane Ernährung die Darmgesundheit verbessern kann und gibt Hinweise, wie man potenzielle Herausforderungen meistert.

Ein großer Vorteil der veganen Ernährung für die Verdauung ist ihr hoher Ballaststoffgehalt. Ballaststoffe, reichlich vorhanden in Obst, Gemüse, Vollkornprodukten, Hülsenfrüchten und Nüssen, fördern regelmäßige Stuhlgänge, bekämpfen Verstopfung und verringern das Risiko für Magen-Darm-Erkrankungen wie Divertikulose und Darmkrebs. Ballaststoffe unterstützen nicht nur die Verdauung, sondern fördern auch das Wachstum nützlicher Darmbakterien.

Das Mikrobiom des Darms, eine Gemeinschaft von Mikroorganismen in unseren Därmen, spielt eine entscheidende Rolle bei der Verdauung, Nährstoffaufnahme und Immunabwehr. Eine vegane Ernährung, reich an Präbiotika (unverdauliche Fasern, die nützliche Bakterien ernähren), kann ein ausgewogenes und vielfältiges Darmmikrobiom fördern. Dies stärkt nicht nur die Verdauungsgesundheit, sondern kann auch Entzündungen dämpfen und potenziell das mentale Wohlbefinden verbessern.

Der Übergang zu einer veganen Ernährung kann anfangs jedoch einige Verdauungssysteme herausfordern, insbesondere aufgrund des erhöhten Ballaststoffgehalts. Dies kann sich als Blähungen, Gasbildung oder veränderte Stuhlgewohnheiten äußern. Um diese Effekte abzumildern, empfiehlt es sich, die Ballaststoffaufnahme schrittweise zu erhöhen, gut hydriert zu bleiben und das Essen gründlich zu kauen.

Obwohl eine vegane Ernährung ernährungsphysiologisch umfassend sein kann, ist es wichtig, bestimmte Mikronährstoffe zu beachten, die für die Verdauungsgesundheit entscheidend sind, wie Zink, Eisen, Kalzium und Vitamin B12. Die Einbeziehung verschiedener pflanzlicher Quellen wie Hülsenfrüchte, Blattgemüse, angereicherte Pflanzenmilch und Hefeflocken kann dazu beitragen, diese Bedürfnisse zu decken.

Zusammengefasst kann eine vegane Ernährung ein Katalysator für eine verbesserte Verdauungsgesundheit sein. Indem Sie den Schwerpunkt auf ganze, pflanzliche Lebensmittel legen, können Sie einen gesunden Darm fördern, die Verdauung optimieren und Verdauungsprobleme abwehren. Wie bei jeder Ernährungsumstellung kann aufmerksames Zuhören auf die Signale Ihres Körpers, schrittweise Änderungen und die Suche nach Rat bei Gesundheitsfachleuten eine ausgewogene und nahrhafte vegane Reise gewährleisten.

GENTLE VEGAN

Kapitel 09

Veganismus und die Umwelt

Die Umweltauswirkungen der Nutztierhaltung

Die zunehmenden Umweltauswirkungen der Nutztierhaltung sind in den letzten Jahren in den Fokus der öffentlichen Besorgnis gerückt. Dieses Unterkapitel untersucht die tiefgreifenden Effekte, die diese Industrie auf unseren Planeten hat, und betont die Bedeutung eines pflanzenbasierten Lebens für eine nachhaltige Zukunft.

Die Nutztierhaltung ist einer der Hauptverursacher verschiedener Umweltprobleme, darunter Treibhausgasemissionen, Entwaldung und Wasserverschmutzung. Der Bedarf an Fleisch, Milchprodukten und Eiern erfordert enorme Ressourcenzuweisungen, einschließlich Land, Wasser und Futtermittel. Wälder, die für die Kohlenstoffabsorption und Biodiversität entscheidend sind, werden häufig gerodet, um Platz für Weideland oder den Anbau von Futtermitteln zu schaffen. Diese rasante Entwaldung verringert nicht nur die Kohlenstoffabsorptionsfähigkeit unseres Planeten, sondern bedroht auch zahlreiche Arten mit dem Aussterben.

Wiederkäuer wie Kühe und Schafe setzen Methan

während der Verdauung frei, ein Treibhausgas, das weitaus stärker ist als Kohlendioxid. Die Produktion, der Transport und die Verarbeitung von Tierfutter sowie die Kühlung tierischer Produkte verschärfen zusätzlich die Kohlenstoffemissionen. Diese steigenden Emissionen intensivieren den Klimawandel, was zu schwerwiegenden Konsequenzen wie extremen Wetterbedingungen, steigenden Meeresspiegeln und gestörten Ökosystemen führt.

Die Wasserverschmutzung ist ein weiteres alarmierendes Nebenprodukt der Nutztierhaltung. Tierische Abfälle, die mit Stickstoff und Phosphor belastet sind, verschmutzen oft Gewässer und fördern das Wachstum schädlicher Algenblüten. Diese Blüten entziehen aquatischen Umgebungen Sauerstoff und verursachen ein massives Fischsterben. Darüber hinaus verschärft der enorme Wasserverbrauch der Industrie die Wasserknappheit, insbesondere in bereits anfälligen Regionen.

Die Annahme eines veganen Lebensstils kann die Umweltauswirkungen unserer Ernährungswahl dramatisch reduzieren. Durch den Verzicht auf tierische Produkte können wir Treibhausgasemissionen verringern, Wasser bewahren und der Entwaldung entgegenwirken. Pflanzenbasierte Ernährung ist ressourceneffizient, da der Anbau pflanzlicher Lebensmittel an sich nachhaltiger und umweltfreundlicher ist. Jenseits der Umweltvorteile verkörpert Veganismus eine ethische Lebensweise, die eine mitfühlende Beziehung zu Tieren und zur Natur fördert.

Im Kern bietet ein pflanzenbasiertes Leben vielfältige Vorteile, von Umweltschutz über persönliche Gesundheit bis hin zu einer Fülle köstlicher Nahrungsoptionen. Durch informierte Entscheidungen können wir den Weg für eine nachhaltige Zukunft ebnen, die ein harmonisches Zusammenleben aller Lebewesen sicherstellt. Indem wir den Veganismus unterstützen, treten wir für eine Welt ein, die Mitgefühl, Gesundheit und verantwortungsvolle Umweltbewahrung priorisiert.

Nachhaltige Ernährung für einen besseren Planeten

Die Entscheidungen, die wir bezüglich der von uns konsumierten Nahrung treffen, haben tiefgreifende Auswirkungen auf unseren Planeten. Während die globale Gemeinschaft zunehmend auf Umweltanliegen achtet, sticht die vegane Ernährung als eine wirkungsvolle Antwort hervor. Dieses

Unterkapitel unterstreicht die Bedeutung nachhaltiger Ernährungsentscheidungen und die Rolle des Veganismus bei der Förderung eines gesünderen Planeten.

Pflanzliche Lebensmittel erfordern von Natur aus weniger Ressourcen, erzeugen weniger Treibhausgase und sind weniger wasserintensiv als ihre tierischen Gegenstücke. Daher repräsentiert eine Hinwendung zum Veganismus einen greifbaren, individuellen Beitrag zum Umweltwohl.

Zentral für die Diskussion über nachhaltige Ernährungsentscheidungen ist das Konzept der Lebensmittelkilometer. Die Priorisierung lokal bezogener, saisonaler pflanzlicher Lebensmittel kann die Energie, die für Transport und Lagerung von Lebensmitteln aufgewendet wird, drastisch reduzieren. Die Zusammenarbeit mit lokalen Landwirten und der Einkauf auf Bauernmärkten stärkt nicht nur ein widerstandsfähiges lokales Lebensmittelsystem, sondern garantiert auch frischere, nährstoffreiche Produkte.

Genauso wichtig ist das Bestreben, Lebensmittelabfälle zu reduzieren. Weggeworfene Lebensmittel bedeuten verschwendete Ressourcen und erhöhte Treibhausgasemissionen. Ein veganer Lebensstil fördert grundsätzlich einen bewussten Konsum und regt dazu an, Reste innovativ zu nutzen und Abfälle zu minimieren. Kompostierung, eine natürliche Erweiterung dieses Ethos, verwandelt Essensreste in nährstoffreichen Kompost und fördert so nachhaltige landwirtschaftliche Praktiken.

Die biologische Vielfalt, das Sicherheitsnetz unseres Planeten, ist ebenfalls mit unseren Ernährungsentscheidungen verwoben. Die Ausbreitung der Tierlandwirtschaft führt häufig zur Entwaldung und Vernichtung natürlicher Lebensräume, was unzählige Arten gefährdet. Die Wahl einer pflanzlichen Ernährung kann solche Lebensraumzerstörungen mindern, Ökosysteme und die darin lebenden Arten schützen.

Im Kern bietet die vegane Ernährung einen doppelten Vorteil: Sie fördert die individuelle Gesundheit und schützt das Wohl des Planeten. Dieses Unterkapitel zielt darauf ab, Menschen unabhängig von ihren Ernährungsgewohnheiten zu umweltfreundlicheren Lebensmittelentscheidungen zu inspirieren. Indem wir die Grundsätze des Veganismus voll und ganz annehmen, können wir unsere Umweltauswirkungen erheblich verringern und eine grüne, lebendige Welt für zukünftige Generationen sichern.

Unser globales Ernährungssystem, mit seinem komplexen Netz aus Produktion, Verteilung und Konsum, belastet die Umwelt erheblich. Die

Tierlandwirtschaft steht als Hauptverursacher im Vordergrund, treibt Treibhausgasemissionen, Entwaldung und Wasserverschmutzung voran. Die Annahme einer veganen Ernährung bietet eine direkte Antwort auf diese Herausforderungen.

Vegan Leben ohne Verschwendung

Veganismus zu leben bedeutet mehr als nur eine Ernährungsweise; es ist ein ganzheitlicher Ansatz, der Gesundheit, Umwelt und ethische Überlegungen in den Vordergrund stellt. Dieses Ethos harmoniert natürlich mit den Prinzipien des Lebens ohne Verschwendung und bietet einen synergistischen Weg zu einer nachhaltigen und mitfühlenden Existenz.

Veganer hinterlassen grundsätzlich einen geringeren ökologischen Fußabdruck. Pflanzenbasierte Ernährung erzeugt standardmäßig weniger Abfall als tierbasierte Ernährungsformen. Das Fehlen tierischer Produkte bedeutet, die Verpackungsabfälle, die normalerweise mit Fleisch, Milchprodukten und Eiern einhergehen, zu umgehen. Stattdessen neigt der vegane Vorratsschrank zu unverarbeiteten Lebensmitteln, die oft mit minimaler oder gar keiner Verpackung kommen, wie frisches Obst und Gemüse, Getreide und

Hülsenfrüchte.

Um die abfallreduzierende Wirkung des Veganismus zu verstärken, können mehrere Strategien angewendet werden. Der Einkauf in Großmengen sticht als wirksame Taktik hervor. Viele Händler bieten mittlerweile Großhandelsabteilungen an, die es den Kunden ermöglichen, Grundnahrungsmittel in eigenen Behältern zu kaufen, wodurch Verpackungsabfälle reduziert und oft auch Kosten gespart werden. Darüber hinaus minimiert die Wahl frischer, unverpackter Produkte gegenüber vorgepackten Alternativen die Abfallerzeugung.

Kompostierung erweist sich als Eckpfeiler der Verbindung von Veganismus und Abfallvermeidung. Die Umwandlung von Essensresten und Schalen in Kompost leitet nicht nur organischen Abfall von Deponien um, was Treibhausgasemissionen mindert, sondern erzeugt auch nährstoffreichen Kompost, der Gärten und Zimmerpflanzen nährt.

Die Philosophie der Abfallvermeidung befürwortet auch Wiederverwendbarkeit anstelle von Einwegprodukten. Der Austausch von Einweg-Plastiktüten gegen haltbare Stoffalternativen oder die Verwendung von Edelstahl- und Glasbehältern anstelle ihrer Plastikpendants kann den Abfall drastisch reduzieren. Einfache Änderungen, wie die Investition in eine wiederverwendbare Wasserflasche oder einen Kaffeebecher, können ebenfalls einen bedeutenden Unterschied machen.

Im Wesentlichen bietet die Verbindung von Veganismus und Leben ohne Verschwendung eine kraftvolle Formel für nachhaltiges Leben. Es ist ein Zeugnis der Macht individueller Entscheidungen, die eine nachhaltigere, mitfühlendere Welt mitgestalten. Indem wir diese Philosophien miteinander verflechten, reduzieren wir nicht nur unseren ökologischen Fußabdruck, sondern setzen auch ein Beispiel und inspirieren andere, einen ähnlichen Weg zu beschreiten. In diesem harmonischen Zusammenspiel von Veganismus und Abfallvermeidung schaffen wir ein Vermächtnis des positiven Wandels für die nachfolgenden Generationen.

Kapitel 10

Empathie als Lebensprinzip

Tierrechte und Ethik

Das Verständnis von Tierrechten und Ethik ist ein wesentlicher Bestandteil des Lebens mit einer pflanzenbasierten Ernährung. Als Veganer ist es entscheidend, den inhärenten Wert und die Rechte aller Lebewesen, einschließlich der Tiere, zu erkennen und zu respektieren. Dieses Unterkapitel beleuchtet die tiefe Verbindung zwischen Veganismus und Tierrechten und wirft Licht auf die ethischen Überlegungen, die Menschen weltweit dazu bewegen, einen veganen Lebensstil zu wählen.

Befürworter der Tierrechte vertreten die Ansicht, dass Tiere eigene Rechte besitzen, so wie es auch bei Menschen der Fall ist. Sie argumentieren, dass Tiere nicht als bloße Waren für den menschlichen Gebrauch behandelt werden sollten, sondern als empfindsame Wesen, die Schmerz, Freude und eine Reihe von Emotionen erleben können. Die vegane Ernährung, die auf Mitgefühl und Empathie basiert, steht im Einklang mit dieser Philosophie und lehnt die Ausbeutung und Grausamkeit ab, die Tiere in verschiedenen Branchen oft erleiden müssen.

Durch die Annahme eines pflanzenbasierten Lebens tragen wir aktiv zur Verringerung des Tierleids bei. Die vegane Ernährung schließt alle tierischen Produkte aus, einschließlich Fleisch, Milchprodukten, Eiern und Honig, und eliminiert somit die Nachfrage nach diesen Produkten und den Industrien, die von der Tierausbeutung profitieren. Diese Entscheidung hat weitreichende Auswirkungen auf das Tierwohl, da sie die Anzahl der zur Nahrungsmittelproduktion gehaltenen Tiere verringert, den Einsatz von Tieren in Experimenten minimiert und Praktiken wie Pelztierfarmen und Tierunterhaltung ablehnt.

Darüber hinaus steht Veganismus im Einklang mit den Prinzipien der Umweltnachhaltigkeit und menschlichen Gesundheit. Die Produktion von tierischen Produkten trägt erheblich zu Treibhausgasemissionen, Entwaldung und Wasserverschmutzung bei. Durch die Wahl einer veganen Ernährung verringern wir unseren ökologischen Fußabdruck und helfen, den Klimawandel zu bekämpfen. Zahlreiche wissenschaftliche Studien haben zudem gezeigt, dass gut geplante vegane Ernährungsweisen alle notwendigen Nährstoffe für eine optimale Gesundheit liefern und Schutz vor chronischen Krankheiten wie Herzkrankheiten, Diabetes und bestimmten Krebsarten bieten.

Zusammenfassend sind Tierrechte und Ethik das Herzstück des veganen Lebensstils. Indem wir uns für ein pflanzenbasiertes Leben entscheiden, halten wir an dem Glauben fest, dass alle Lebewesen mit Respekt und

Mitgefühl behandelt werden verdienen. Veganismus kommt nicht nur dem Wohl der Tiere zugute, sondern unterstützt auch die Umweltnachhaltigkeit und die persönliche Gesundheit. Es ist ein kraftvoller Weg, positive Veränderungen in der Welt zu bewirken und zu einer mitfühlenderen und ethischeren Gesellschaft beizutragen.

Veganismus und ethischer Konsum

Die Entscheidung für Veganismus ist mehr als nur eine Ernährungswahl; es ist ein tiefgreifendes Bekenntnis zu den Rechten und zum Wohlergehen der Tiere. Dieses Unterkapitel beleuchtet die komplexe Beziehung zwischen Veganismus und den ethischen Überlegungen rund um Tierrechte und hebt hervor, warum viele Menschen diesen mitfühlenden Weg wählen.

Tiere haben, wie Menschen, ihre eigenen intrinsischen Rechte. Sie sind empfindsame Wesen, fähig, ein Spektrum von Emotionen zu erleben, von Schmerz bis zu Freude. Befürworter der Tierrechte betonen, dass Tiere niemals lediglich als Konsumgüter oder Nutzobjekte für den Menschen angesehen werden sollten. Stattdessen sollten sie für ihren eigenen inhärenten Wert respektiert und geschätzt werden.

Veganismus, tief verwurzelt in Empathie und Mitgefühl, steht im Einklang mit diesem Ethos und lehnt die Ausbeutung und das Leiden ab, das Tiere in verschiedenen Industrien ertragen.

Die Wahl eines veganen Lebensstils bedeutet, aktiv das Leiden von Tieren zu reduzieren. Indem alle tierischen Produkte wie Fleisch, Milchprodukte, Eier und sogar Honig ausgeschlossen werden, verringern Veganer die Nachfrage nach Industrien, die auf der Ausbeutung von Tieren basieren. Diese bewusste Entscheidung verringert nicht nur die Anzahl der zum Konsum gezüchteten Tiere, sondern stellt auch andere ausbeuterische Praktiken in Frage, von Tierversuchen bis hin zur Pelztierhaltung und Unterhaltung, die Tiere nutzt.

Neben den ethischen Überlegungen überschneidet sich Veganismus auch mit Umwelt- und Gesundheitsanliegen. Die Tierlandwirtschaft ist ein bedeutender Faktor für Umweltprobleme, einschließlich Treibhausgasemissionen, Entwaldung und Wasserverschmutzung.

Durch die Annahme einer veganen Ernährung tritt man nicht nur gegen Tierquälerei ein, sondern verringert auch seinen eigenen Umwelteinfluss und trägt dazu bei, den Klimawandel zu bekämpfen. Gesundheitlich zeigt eine Vielzahl von Forschungen, dass eine ausgewogene vegane Ernährung alle essentiellen Nährstoffe liefern kann und als Schutzschild gegen zahlreiche chronische Krankheiten wirkt, einschließlich Herzleiden, Diabetes und bestimmten Krebsarten.

Im Wesentlichen sind die Prinzipien der Tierrechte und Ethik tief im Veganismus verwoben. Indem man diesen mitfühlenden Weg wählt, setzt man sich für den Glauben ein, dass alle Wesen, unabhängig von der Art, Respekt und Freundlichkeit verdienen. Veganismus wird daher zu einem ganzheitlichen Ansatz, der Tieren, der Umwelt und unserer eigenen Gesundheit zugutekommt und den Weg für eine empathischere und bewusstere Gesellschaft ebnet.

Unterstützung von Tierheimen und Rettungsstationen

Tierheime und Rettungsstationen stehen als Säulen der Hoffnung und des Mitgefühls innerhalb der veganen Gemeinschaft und der breiteren Bewegung für Tierrechte. Diese Zufluchtsorte bieten Trost für Tiere, die Vernachlässigung, Misshandlung oder die düsteren

Realitäten der Massentierhaltung erlitten haben. Indem wir diese Heime und Rettungsstationen unterstützen, setzen wir uns aktiv für eine Welt ein, in der Freundlichkeit und Empathie vorherrschen.

Heime und Rettungsstationen sind oft voller Aktivität, und ehrenamtliches Engagement ist eine praktische Möglichkeit, einen Beitrag zu leisten. Diese Organisationen gedeihen durch das Engagement von Menschen, die in verschiedenen Bereichen helfen, von der Betreuung der Tiere bis zur Instandhaltung der Anlagen. Indem Sie Ihre Zeit anbieten, bereichern Sie nicht nur das Leben dieser geretteten Wesen, sondern tauchen auch in eine Gemeinschaft ein, die Ihre Werte teilt. Die Erfahrung kann transformierend sein und tiefere Verbindungen zu Tieren und Mitfreiwilligen fördern.

Finanzielle Unterstützung ist ein weiterer Grundpfeiler dieser Organisationen. Da sie überwiegend mit knappen Budgets arbeiten, hilft jede Spende, egal wie klein, bei der Deckung wesentlicher Ausgaben wie Futter, medizinische Versorgung und Instandhaltung der Einrichtungen. Erwägen Sie, regelmäßige Spenden einzurichten oder Ihre Gemeinschaft zu Spendenaktionen zu mobilisieren. Ihre finanziellen Beiträge führen direkt zu einer verbesserten Pflege und helleren Zukunft für diese Tiere.

Neben der praktischen und finanziellen Unterstützung ist es entscheidend, die Arbeit dieser Heime hervorzuheben. Nutzen Sie die Kraft digitaler Plattformen, um die Geschichten geretteter Tiere und die unermüdlichen Bemühungen dieser Organisationen in den Vordergrund zu stellen. Indem Sie ihre Geschichten teilen, bilden Sie nicht nur auf, sondern inspirieren auch andere dazu, Veganismus und sein zugrundeliegendes Ethos des Mitgefühls zu umarmen.

Es ist erwähnenswert, dass Ihre Unterstützung in der heutigen vernetzten Welt nicht durch Geografie begrenzt ist. Der digitale Raum ermöglicht es Ihnen, Heime weltweit zu unterstützen, sodass Sie mit denen in Einklang kommen können, die Ihre Überzeugungen tief berühren.

Jede Geste, sei es eine Spende, das Teilen in sozialen Medien oder ehrenamtliches Engagement, bringt uns einer Welt näher, in der Tiere mit dem Respekt und der Liebe behandelt werden, die sie verdienen.

Im Wesentlichen ist die Unterstützung von Tierheimen und Rettungsstationen eine Verkörperung des veganen Geistes. Durch verschiedene Unterstützungsformen, von der ehrenamtlichen Arbeit bis hin zur Fürsprache, können wir das Leben unzähliger Tiere tiefgreifend beeinflussen. Auf unserem Weg durch unser pflanzenbasiertes Leben, lasst uns das

Versprechen abgeben, ein Leuchtfeuer der Hoffnung und des Wandels zu sein und gemeinsam auf eine Welt voller Mitgefühl und Harmonie hinzuarbeiten.

Veganismus in der Gemeinschaft fördern

Das Eintreten für Veganismus in Ihrer Gemeinschaft bedeutet, Wissen und Erfahrungen zu teilen, ohne Überzeugungen aufzuzwingen. Mit wachsendem Interesse am Veganismus ist es entscheidend, das Thema mit Verständnis und Geduld anzugehen. Es geht nicht darum, andere zu konvertieren, sondern ihnen Einblicke und Unterstützung zu bieten, falls sie diesen Lebensstil erkunden möchten.

Die Organisation von Gemeinschaftsveranstaltungen rund um pflanzenbasierte Ernährung, wie Kochworkshops oder Potluck-Dinner, kann eine sanfte Methode sein, um andere an die Vorteile des Veganismus heranzuführen. Diese Zusammenkünfte können ein Gemeinschaftsgefühl fördern und eine Plattform für offene Diskussionen bieten, bei denen sich jeder gehört und respektiert fühlt.

Die Nutzung sozialer Medien ist ein weiteres effektives Mittel. Das Teilen pflanzenbasierter Rezepte, Ernährungstipps und persönlicher Geschichten kann andere inspirieren, ohne aufdringlich zu sein. Es geht darum, einen Raum zu schaffen, in dem Menschen in ihrem eigenen Tempo lernen und Fragen stellen können.

Die Einbindung lokaler Schulen und Gemeindezentren kann die Botschaft weiter verbreiten. Präsentationen anzubieten oder bei veganen Kochkursen mitzuwirken, kann wertvolle Informationen liefern, ohne eine Agenda durchzusetzen. Es geht darum, Menschen die Werkzeuge und das Wissen an die Hand zu geben, die sie benötigen, um informierte Entscheidungen zu treffen.

Es ist wichtig zu bedenken, dass Fürsprache immer von einem Ort des Mitgefühls und Verständnisses kommen sollte. Es geht nicht um radikale Aktionen oder darum, jemandes Überzeugungen über Nacht zu ändern. Stattdessen geht es darum, mit gutem Beispiel voranzugehen, die Vorteile eines veganen Lebensstils aufzuzeigen und Unterstützung für diejenigen anzubieten, die neugierig darauf sind.

Zusammenfassend ist das Eintreten für Veganismus eine Leitlinie, kein Zwang. Indem wir Wissen teilen,

Unterstützung anbieten und mit gutem Beispiel vorangehen, können wir andere inspirieren, Veganismus auf eine Weise zu erkunden, die für sie richtig ist. Es geht darum, eine Gemeinschaft zu schaffen, in der sich jeder willkommen und respektiert fühlt, unabhängig von seinen Ernährungsentscheidungen.

Kapitel 11

Vegane Mode und Kosmetik

Einführung in Vegane Mode und Kosmetik

In den letzten Jahren hat sich der Fokus auf Veganismus über den Teller hinaus ausgeweitet und beleuchtet andere Aspekte unseres täglichen Lebens, in denen tierische Produkte tief verwurzelt sind. Unter diesen ragen Mode und Kosmetik hervor, Bereiche, die historisch gesehen stark von tierischen Materialien und Tests abhängig waren. Der Aufstieg von veganer Mode und Kosmetik unterstreicht einen breiteren Wandel in den gesellschaftlichen Werten, bei dem Mitgefühl, Nachhaltigkeit und Ethik immer mehr zu integralen Bestandteilen unserer Entscheidungen werden.

Vegane Mode stellt die traditionellen Normen in Frage, indem sie Alternativen zu Materialien wie Leder, Seide, Wolle und Pelz bietet. Diese Alternativen sind nicht nur frei von Grausamkeit, sondern oft auch nachhaltiger und umweltfreundlicher. Innovationen in diesem Bereich haben zu Materialien geführt, die die Ästhetik und Funktionalität ihrer tierischen Pendants nachahmen, ohne die ethische Belastung. Von Schuhen bis zu Handtaschen erlebt die Modebranche eine Revolution, an deren Spitze der Veganismus steht.

Ähnlich vollzieht sich auch in der Kosmetikindustrie ein eigener Wandel. Jahrzehntelang war Tierversuche für viele Kosmetikmarken ein Standardverfahren. Doch mit Fortschritten in der Technologie und einem wachsenden Verständnis für Ethik wenden sich viele Marken von solchen Praktiken ab. Vegane Kosmetik stellt sicher, dass keine tierischen Inhaltsstoffe verwendet werden und keine Tiere im Prozess zu Schaden kommen. Diese Veränderung betrifft nicht nur die Ethik, sondern spricht auch eine wachsende Gruppe von Verbrauchern an, die sich ihrer Entscheidungen und deren Auswirkungen bewusst sind.

Es geht jedoch nicht nur um die Produkte, sondern auch um die Botschaft, die sie vermitteln. Jedes vegane Produkt erzählt die Geschichte einer Welt, in der Tiere keine Handelsware sind, in der Schönheit und Mode nicht auf Kosten des Leidens anderer entstehen.

In diesem Kapitel werden wir tiefer in die Feinheiten, Herausforderungen und Triumphe der veganen Mode und Kosmetik eintauchen und verstehen, wie sie Industrien umgestalten und Normen neu definieren.

Vegane Materialien:

Jenseits von Leder und Pelz

Die Modeindustrie hat sich traditionell auf tierische Materialien wie Leder, Pelz, Seide und Wolle verlassen. Doch mit dem Aufkommen ethischen Konsums und technologischen Fortschritts sind zahlreiche vegane Alternativen entstanden, die den Status quo herausfordern.

Kunstleder, hergestellt aus Polyurethan oder PVC, bietet eine tierschutzfreundliche Alternative zu herkömmlichem Leder, oft zu einem Bruchteil der Kosten. Innovationen wie Pilzleder, Ananasleder (Piñatex) und im Labor gezüchtetes Leder erweitern die Grenzen und bieten nachhaltige und umweltfreundliche Optionen, die weder in Qualität noch Ästhetik Kompromisse eingehen.

Ebenso bietet Kunstpelz, hergestellt aus synthetischen Fasern, die Wärme und den luxuriösen Touch von echtem Pelz ohne die ethischen Bedenken. Mit Fortschritten in der Textiltechnologie hat sich die Qualität von Kunstpelz erheblich verbessert und ist fast nicht mehr von echtem Pelz zu unterscheiden.

Seide, bekannt für ihre glatte Textur und ihren

glänzenden Schimmer, wird traditionell aus Seidenraupen gewonnen. Vegane Alternativen wie Bambusseide, Sojaseide und synthetische Seide imitieren das Gefühl und Aussehen echter Seide, ohne auf Seidenraupen angewiesen zu sein.

Wollalternativen, wie Baumwollflanell, synthetisches Schaffell und andere pflanzliche Fasern, bieten Wärme und Komfort ohne die ethischen und ökologischen Probleme, die mit der Schafzucht verbunden sind.

Auch die Kosmetikindustrie hat eine Hinwendung zum Veganismus erlebt. Viele Marken bevorzugen mittlerweile pflanzliche Inhaltsstoffe gegenüber tierischen. Darüber hinaus gewinnen tierversuchsfreie Testmethoden an Bedeutung, um sicherzustellen, dass Produkte nicht an Tieren getestet werden.

Die Wahl veganer Materialien in Mode und Kosmetik ist nicht nur eine ethische, sondern auch eine nachhaltige Entscheidung. Mit wachsender Nachfrage nach veganen Produkten wird die Industrie weiterhin innovativ sein und den Verbrauchern eine breite Palette hochwertiger, ethischer und nachhaltiger Optionen bieten.

Vegane Kosmetik:

Schönheit ohne Tierversuche

Die Kosmetikindustrie stand jahrelang aufgrund der Verwendung von tierischen Inhaltsstoffen und Testpraktiken in der Kritik. Doch da Verbraucher zunehmend ethisch bewusster werden, ist die Nachfrage nach veganen und tierversuchsfreien Kosmetikprodukten gestiegen, was zu einem transformativen Wandel in der Branche geführt hat.

Über die Inhaltsstoffe hinaus erstreckt sich das Ethos der veganen Kosmetik auf Produktions- und Testmethoden. Tierversuchsfreie Zertifizierungen garantieren, dass das Produkt und seine Inhaltsstoffe zu keinem Zeitpunkt der Entwicklung an Tieren getestet wurden. Dieses Engagement für Mitgefühl treibt Marken dazu, alternative Testmethoden anzunehmen, die nicht nur human, sondern oft zuverlässiger als traditionelle Tierversuche sind.

Der Aufstieg veganer Kosmetik steht auch im Einklang mit dem breiteren Trend zur natürlichen Schönheit, der Transparenz, Nachhaltigkeit und natürliche Inhaltsstoffe betont. Viele vegane Marken legen Wert auf umweltfreundliche Verpackungen, beziehen nachhaltig geerntete Inhaltsstoffe und setzen sich für Transparenz in ihren Lieferketten ein.

Es ist jedoch wichtig, zwischen „vegan“ und „tierversuchsfrei“ zu unterscheiden. Während ein Produkt vegan sein kann (frei von tierischen Inhaltsstoffen), bedeutet das nicht unbedingt, dass es nicht an Tieren getestet wurde. Achten Sie immer auf Zertifizierungen oder Markenverpflichtungen, um sicherzustellen, dass beide Kriterien erfüllt sind.

Zusammenfassend repräsentiert vegane Kosmetik eine Fusion aus Ethik, Nachhaltigkeit und Qualität. Da Verbraucher weiterhin Produkte priorisieren, die mit ihren Werten übereinstimmen, steht die Kosmetikindustrie vor einer Evolution, bei der Mitgefühl und Nachhaltigkeit im Mittelpunkt stehen.

Nachhaltigkeit in der veganen Mode

Vegane Mode ist mehr als nur eine Haltung gegen Tierquälerei; sie steht oft auch für ein Engagement für nachhaltigere und umweltfreundlichere Produktionspraktiken. Die Modeindustrie, insbesondere der Bereich der Schnellmode, steht aufgrund ihrer erheblichen Umweltauswirkungen in der Kritik. Von hohem Wasserverbrauch über Abfallproduktion bis hin zu

Kohlenstoffemissionen sieht sich die Branche mit drängenden Nachhaltigkeitsherausforderungen konfrontiert.

Die Wahl veganer Mode steht oft im Einklang mit den Prinzipien der Slow Fashion, die Qualität über Quantität, ethische Arbeitspraktiken und umweltfreundliche Materialien betont. Vegane Modemarken priorisieren typischerweise organische und recycelte Materialien, um den ökologischen Fußabdruck ihrer Produkte zu reduzieren.

Beispielsweise wählen vegane Marken anstelle von traditionellem Leder, das aufgrund der Viehwirtschaft und Gerbungsprozesse hohe Umweltkosten verursacht, Alternativen aus Pilzen, Ananas oder recyceltem Kunststoff.

Darüber hinaus erstreckt sich das Ethos der veganen Mode oft auch auf Verpackungen, Transport und sogar auf die Energiequellen, die in Produktionsstätten genutzt werden. Marken, die sich dieser Sache verschrieben haben, neigen dazu, biologisch abbaubare Verpackungen, klimaneutrale Versandmethoden und erneuerbare Energiequellen zu verwenden, um ihren ökologischen Einfluss weiter zu minimieren.

Es ist jedoch wichtig zu beachten, dass nicht alle veganen Modemarken per se nachhaltig sind. Wie in jeder Branche kann es auch hier Unterschiede in den

Praktiken geben. Es ist entscheidend für Verbraucher, Marken zu recherchieren, ihre Werte zu verstehen und informierte Entscheidungen zu treffen. Indem sie wirklich nachhaltige vegane Modemarken unterstützen, können Verbraucher die Branche zu ethischeren und umweltfreundlicheren Praktiken bewegen.

Vegane Modemarken und Einkaufstipps

Sich in der Welt der Mode mit einer veganen Einstellung zurechtzufinden, kann anfangs einschüchternd erscheinen. Mit der wachsenden Nachfrage nach ethischen und nachhaltigen Produkten steigt auch die Vielfalt an veganfreundlichen Optionen auf dem Markt. Hier sind einige Einblicke und Einkaufstipps, die Ihnen helfen, informierte Entscheidungen zu treffen.

Beim Einkaufen veganer Mode ist es wichtig, sich mit Materialien vertraut zu machen. Während Leder, Wolle und Seide offensichtlich nicht vegan sind, gibt es zahlreiche hochwertige Alternativen, die sowohl stilvoll als auch frei von Grausamkeit sind. Marken innovieren nun mit Materialien wie Pilzleder, Pinatex (aus

Ananasfasern) und recycelten Synthetikstoffen, um Produkte zu schaffen, die ihren nicht-veganen Gegenstücken sowohl in Ästhetik als auch Haltbarkeit ebenbürtig sind.

Ein weiterer Aspekt ist das Engagement der Marke für Nachhaltigkeit. Veganismus bedeutet nicht nur, tierische Produkte zu vermeiden; es geht auch darum, Schäden für unseren Planeten zu minimieren. Achten Sie auf Marken, die umweltfreundliche Produktionsprozesse betonen, recycelte Materialien verwenden und faire Arbeitspraktiken anwenden.

Ein Beispiel dafür, ohne zu werblich zu sein, ist der Shop von Gentle Vegan, der Kleidung aus nachhaltigen Quellen und recycelten Materialien anbietet. Kooperationen mit veganen Künstlern sorgen für einzigartige Designs, die Modeaussagen treffen, die mit dem veganen Ethos in Einklang stehen.

Zuletzt, recherchieren Sie immer gründlich. Lesen Sie die Geschichten der Marken, überprüfen Sie Zertifizierungen und zögern Sie nicht, Fragen zu stellen. Viele Marken sind transparent über ihre Beschaffungs- und Produktionsmethoden, und diese Informationen können für den bewussten Käufer von unschätzbarem Wert sein.

Im Wesentlichen ist das Einkaufen veganer Mode eine spannende Entdeckungsreise. Mit ein wenig Recherche und einem scharfen Auge können Sie eine Garderobe zusammenstellen, die nicht nur stilvoll ist, sondern auch Ihren Werten von Mitgefühl und Nachhaltigkeit entspricht.

Die Zukunft von veganer Mode und Kosmetik

Das Gebiet der veganen Mode und Kosmetik ist nicht nur ein flüchtiger Trend; es ist eine sich entwickelnde Bewegung, die eine Zukunft verspricht, in der Mitgefühl und Nachhaltigkeit im Vordergrund stehen. Mit dem wachsenden globalen Bewusstsein für die Umwelt-, ethischen und gesundheitlichen Auswirkungen unserer Entscheidungen steigt die Nachfrage nach veganen und tierversuchsfreien Produkten exponentiell an.

Die Modeindustrie, historisch bekannt für ihren ökologischen Fußabdruck und oft fragwürdige Ethik, durchläuft eine Transformation. Innovationen in der Stofftechnologie weisen den Weg. Aus Pilzen, Ananasblättern und sogar recyceltem Kunststoff gewonnene Materialien bieten Alternativen zu traditionellem Leder, Seide und Wolle.

Diese Innovationen reduzieren nicht nur die Schäden an Tieren, sondern haben oft auch einen kleineren ökologischen Fußabdruck in Bezug auf Wasserverbrauch, Landnutzung und Kohlenstoffemissionen. Da diese Technologien zugänglicher und erschwinglicher werden, ist es wahrscheinlich, dass solche Materialien eher zur Norm als zur Ausnahme werden.

Auch die Kosmetikbranche erlebt einen Wandel. Der Markt für tierversuchsfreie und vegane Kosmetik expandiert schnell, wobei viele Marken die ethischen Imperative erkennen und auf die Nachfrage der Verbraucher reagieren. Fortgeschrittene Testmethoden, die nicht auf Tieren basieren, werden entwickelt, und pflanzliche Inhaltsstoffe ersetzen tierische in allem, von Lippenstiften bis hin zu Lotionen.

Darüber hinaus wird Transparenz zu einer Schlüsselnachfrage der Verbraucher, und Marken werden wahrscheinlich mehr in die Sicherstellung investieren, dass ihre Lieferketten nicht nur vegan, sondern auch in einem breiteren Sinne ethisch sind. Dazu gehören faire Arbeitspraktiken, nachhaltige Beschaffung und reduzierter Umwelteinfluss.

Gentle Vegan, mit seinem Engagement, den veganen Lebensstil mit Nachhaltigkeit zu verbinden, ist prädestiniert, ein Leitstern in dieser sich entwickelnden

Landschaft zu sein. Durch das Angebot nachhaltig produzierter Textilien und Artikel aus recycelten Materialien und durch die Zusammenarbeit mit veganen Künstlern für einzigartige Designs steht Gentle Vegan exemplarisch für die Zukunft des mitfühlenden Konsums.

In den kommenden Jahren, wenn die Technologie fortschreitet und das Bewusstsein der Verbraucher steigt, wird die Linie zwischen Veganismus, Nachhaltigkeit und ethischem Konsum noch weiter verschwimmen. Die Zukunft der veganen Mode und Kosmetik ist vielversprechend und verheißt eine Welt, in der unsere Entscheidungen unsere Werte widerspiegeln, in der Innovation auf Mitgefühl trifft und in der jeder Kauf eine positive Auswirkung hat.

GENTLE VEGAN

Kapitel 12

Veganismus in verschiedenen Kulturen

Veganismus aus interkultureller Perspektive

Veganismus, oft als moderne Bewegung angesehen, hat Wurzeln, die tief in die Annalen der Geschichte reichen und mit verschiedenen Kulturen und Traditionen rund um den Globus verwoben sind. Auf dieser Erkundung des Veganismus in unterschiedlichen Kulturen ist es wesentlich zu erkennen, dass die Entscheidung, auf tierische Produkte zu verzichten, nicht nur eine Ernährungsfrage ist, sondern oft durch eine Vielzahl von Faktoren beeinflusst wird, einschließlich Ethik, Religion, Umwelt und Gesundheit.

Auf verschiedenen Kontinenten, von den alten Zivilisationen Indiens und des Mittelmeerraums bis hin zu indigenen Stämmen in Afrika und Amerika, wurden pflanzenbasierte Ernährungsweisen und Lebensstile auf einzigartige Weise angenommen und angepasst. Während in einigen Kulturen Veganismus aufgrund religiöser oder spiritueller Überzeugungen angenommen wurde, war es in anderen eine Frage des Überlebens oder ein Spiegelbild der sozioökonomischen Bedingungen.

Heute, in einer zunehmend vernetzten Welt, gewinnt die vegane Bewegung an Schwung, überwindet Grenzen und kulturelle Barrieren. Allerdings variiert die Wahrnehmung und Praxis des Veganismus stark. In einigen Gesellschaften wird er gefeiert und nahtlos in den Alltag integriert, während er in anderen noch als neuartiges oder sogar missverstandenes Konzept gilt.

Dieses Kapitel zielt darauf ab, das reiche Geflecht veganer Praktiken und Überzeugungen weltweit zu beleuchten. Durch das Verständnis der historischen, kulturellen und sozialen Kontexte können wir die Vielfalt der veganen Reise schätzen und die gemeinsamen Fäden erkennen, die uns alle im Streben nach einer mitfühlenderen und nachhaltigeren Welt verbinden.

Geschichte des Veganismus in verschiedenen Kulturen

Die Wurzeln des Veganismus erstrecken sich weit und sind mit verschiedenen Kulturen und Zivilisationen in der Geschichte verwoben. Obwohl der Begriff "Veganismus" selbst relativ modern ist, haben die dahinterstehenden Prinzipien antike Ursprünge.

Im alten Indien befürwortete die Philosophie des

'Ahimsa' oder der Gewaltlosigkeit, die im Zentrum des Jainismus steht und auch im Hinduismus und Buddhismus bedeutend ist, die Schadlosigkeit gegenüber allen Lebewesen. Dieses Prinzip fand oft seinen Ausdruck in Ernährungspraktiken, wobei viele Anhänger auf tierische Produkte verzichteten, besonders im Jainismus. Die Ehrfurcht vor allen Lebensformen und der Glaube an Gewaltlosigkeit führten dazu, dass Vegetarismus tief in diesen Kulturen verankert wurde. Obwohl sie nach heutigen Maßstäben nicht strikt vegan waren, legten diese Praktiken den Grundstein für den modernen Veganismus.

Ähnlich förderte im antiken Griechenland eine prominente Figur wie Pythagoras eine Ernährung, die frei von tierischem Fleisch war, angetrieben von einer Kombination aus spirituellen Überzeugungen und Bedenken bezüglich Tierquälerei. Seine Lehren beeinflussten verschiedene philosophische Schulen in der Region und machten Vegetarismus zu einem Thema der Diskussion und Praxis unter vielen Denkern der Zeit.

Im Osten praktizierten bestimmte buddhistische Sekten in China Vegetarismus und vermieden sowohl Fleisch als auch stark riechende Pflanzen wie Knoblauch und Zwiebeln. Obwohl Milchprodukte keinen bedeutenden Teil der traditionellen chinesischen Ernährung ausmachten, lag der Hauptfokus darauf,

Schaden für empfindsame Wesen zu minimieren, was mit den Kernprinzipien des Veganismus übereinstimmt.

Im Laufe der Geschichte folgten auch verschiedene indigene und Stammesgemeinschaften weltweit pflanzenbasierten Ernährungsweisen, vor allem aufgrund ihrer engen Verbindung mit der Natur und der Umwelt. Ihre Ernährung wurde oft durch die Verfügbarkeit von Ressourcen geprägt, wobei viele Stämme stark von Pflanzennahrung abhängig waren.

In neuerer Zeit begann sich mit dem Beginn der Industrialisierung und Globalisierung die vegane Bewegung im 20. Jahrhundert im Westen zu formen. Die ethischen, gesundheitlichen und ökologischen Auswirkungen des Konsums tierischer Produkte wurden zu Themen von Bedeutung, was zur Formalisierung des Veganismus als eigener Lebensstil und Philosophie führte.

Zusammengefasst ist das Etikett "vegan" zwar ein Produkt der modernen Zeit, das Ethos dahinter ist jedoch seit Jahrtausenden Teil der menschlichen Zivilisation. Verschiedene Kulturen, angetrieben von Ethik, Spiritualität oder Notwendigkeit, haben zum reichen Mosaik der veganen Geschichte beigetragen und so ihre Entwicklung und globale Resonanz geformt.

Vegane Küche weltweit:

Eine kulinarische Reise

Die kulinarische Welt des Veganismus spiegelt wunderbar die Vielfalt unseres globalen Mosaiks wider. Jede Kultur besitzt ihre eigenen pflanzenbasierten Schätze, geformt durch Jahrhunderte der Tradition und Anpassung. Diese Gerichte verführen nicht nur den Gaumen, sondern erzählen auch Geschichten von Orten, Menschen und Epochen.

In Asien, wo Reis und Gemüse in vielen Mahlzeiten Grundnahrungsmittel sind, bieten Länder wie Indien und Thailand eine Fülle von Gerichten, die von Natur aus vegan sind oder leicht veganisiert werden können. Indiens reiche Tradition an linsenbasierten Gerichten, Currys und Fladenbroten zeigt die Geschmackstiefe, die pflanzliche Zutaten erreichen können. Die thailändische Küche wiederum, mit ihren aromatischen Kräutern und Kokosnuss-basierten Currys, bietet ein köstliches veganes Festmahl, das sowohl herzhaft als auch erfrischend ist.

Die afrikanische Küche, tief verwurzelt in ihrer reichen landwirtschaftlichen Geschichte, bietet eine Vielfalt an veganen Köstlichkeiten. Von Äthiopiens

Injera, serviert mit veganen Eintöpfen wie Misir Wot, bis zu den herzhaften gemüsebasierten Suppen Westafrikas und den Gemüse-Tagines Marokkos, der Kontinent bietet eine vielfältige Palette pflanzenbasierter Gerichte. Diese Mahlzeiten, oft ein integraler Bestandteil kultureller Zeremonien und des täglichen Lebens, heben Afrikas langjährige Wertschätzung für pflanzenbasierte Ernährung und kulinarische Kreativität hervor.

Europa, mit seinen vielfältigen kulinarischen Traditionen, hat ebenfalls eine Fülle an vegan-freundlichen Gerichten. Von den mit Olivenöl beträufelten Salaten und Gemüseeintöpfen des Mittelmeerraums bis zu den herzhaften Rote-Bete-Suppen und gefüllten Paprika Osteuropas gibt es für jeden Gaumen ein veganes Gericht.

Auch die Amerikas bringen eine lebendige vegane Küchenszene hervor. Von den Bohnen- und Maisgerichten Zentral- und Südamerikas bis zu den Gemüse- und Getreidemahlzeiten Nordamerikas bietet der Kontinent eine reiche Vielfalt an Aromen und Zutaten.

Im Wesentlichen ist die Welt der veganen Küche weit und vielfältig. Da immer mehr Menschen diesen Lebensstil annehmen, werden traditionelle Gerichte mit pflanzlichen Zutaten neu interpretiert und neue vegane

Delikatessen kreiert. Diese kulinarische Evolution bereichert nicht nur unsere Esserfahrungen, sondern fördert auch eine tiefere Wertschätzung für die Kulturen und Traditionen, die diese köstlichen Gerichte hervorgebracht haben.

Herausforderungen des Veganismus in verschiedenen Kulturen

Die Akzeptanz und Praxis des Veganismus variiert stark zwischen den Kulturen, beeinflusst durch historische, religiöse und gesellschaftliche Faktoren. In einigen Regionen sind pflanzenbasierte Ernährungsweisen seit Jahrhunderten ein Grundstein, während in anderen der Gedanke, komplett auf tierische Produkte zu verzichten, relativ neu ist und manchmal auf Skepsis stößt.

In vielen östlichen Kulturen haben beispielsweise die Prinzipien des Buddhismus und Jainismus lange Zeit den Vegetarismus gefördert, was den Übergang zum Veganismus erleichtert. Allerdings kann selbst in diesen Regionen der vollständige Verzicht auf tierische Nebenprodukte wie Milch eine neuartige Idee sein und aufgrund tief verwurzelter kulinarischer Traditionen herausfordernd wirken.

Im Gegensatz dazu ist in westlichen Gesellschaften, wo Fleischkonsum oft mit Wohlstand und Vitalität assoziiert wurde, die vegane Bewegung mit vorherrschenden Vorstellungen über Ernährung und Gesundheit konfrontiert. Obwohl der Westen einen Anstieg des Veganismus erlebt, angetrieben durch Gesundheits-, Umwelt- und ethische Überlegungen, ist dies nicht ohne Herausforderungen. Missverständnisse über Proteinquellen, Bedenken hinsichtlich Nährstoffmängeln und gesellschaftlicher Druck können den veganen Weg für einige erschweren.

In vielen Teilen der Welt ist die vegane Wahl auch mit wirtschaftlichen Faktoren verflochten. In einigen Regionen könnten Fleisch und Milchprodukte aufgrund ihrer Verfügbarkeit und Erschwinglichkeit Grundnahrungsmittel sein, was pflanzenbasierte Alternativen unzugänglich oder unpraktisch erscheinen lässt.

Allerdings verändert sich der globale Trend. Mit dem Aufstieg veganer Prominenter, einer zunehmenden Bewusstseinsbildung über die Umwelt- und Gesundheitsvorteile des Veganismus und der wachsenden Verfügbarkeit veganer Produkte nimmt die Akzeptanz zu. Weltweit beginnen Gemeinschaften, die vegane Wahl zu erkennen und zu respektieren, selbst wenn sie sie nicht vollständig verstehen oder selbst übernehmen.

Es ist wichtig, das Thema mit Empathie anzugehen und zu verstehen, dass die Reise jedes Einzelnen zum Veganismus von einer Vielzahl persönlicher und kultureller Faktoren beeinflusst wird. Da die Welt immer stärker vernetzt wird, bietet der Austausch von Ideen und Informationen Hoffnung auf ein verstärktes Verständnis und Akzeptanz des Veganismus in verschiedenen Kulturen.

Vegane Feste und Traditionen: Feiern in verschiedenen Kulturen

Im Laufe der Geschichte haben verschiedene Kulturen Feste und Traditionen gefeiert, die mit veganen Prinzipien übereinstimmen, auch wenn sie nicht explizit als „vegan“ bezeichnet werden. Diese Veranstaltungen betonen oft Mitgefühl, Gewaltlosigkeit und Respekt für alle Lebewesen – Werte, die tief mit dem veganen Ethos resonieren.

In Indien begeht die Jain-Gemeinschaft Paryushana, ein Fest der Vergebung und Selbstreflexion. Während dieser Zeit nehmen viele Jains eine strengere vegetarische oder vegane Diät an und verzichten auf Wurzelgemüse und grünes Blattgemüse, um Schaden an Mikroorganismen zu minimieren. Der Schwerpunkt liegt auf Gewaltlosigkeit, einem Kernprinzip des Jainismus.

In Thailand wird das jährliche Phuket Vegetarian Festival veranstaltet, das trotz seines Namens überwiegend vegan ist. Neun Tage lang verzichten die Teilnehmer auf Fleisch, Milchprodukte und andere tierische Produkte und halten sich an eine strikte pflanzenbasierte Diät. Das Festival ist ein spirituelles Ereignis mit Wurzeln in taoistischen Praktiken und soll Glück bringen.

In Äthiopien folgt die Mehrheit der Bevölkerung der Äthiopisch-Orthodoxen Kirche, die zahlreiche Fastenzeiten im Jahr vorschreibt. Während dieser Zeiten halten sich die Gläubigen an eine vegane Diät, frei von allen tierischen Produkten. Dies hat zu einer reichen kulinarischen Tradition veganer Gerichte geführt, mit Grundnahrungsmitteln wie Injera (ein Sauerteig-Fladenbrot) und Shiro (ein Kichererbsen-Eintopf).

Obwohl dies nur einige Beispiele sind, heben sie die tief verwurzelten Verbindungen zwischen Veganismus und kulturellen Traditionen hervor. Diese Feste und Praktiken feiern nicht nur eine pflanzenbasierte

Lebensweise, sondern betonen auch Werte wie Mitgefühl, Einheit und Respekt für alle Lebensformen.

Die Zukunft des Veganismus weltweit

Die Entwicklung des Veganismus auf globaler Ebene ist unverkennbar positiv. Mit wachsendem Bewusstsein für Umweltprobleme, Tierrechte und gesundheitliche Vorteile wenden sich immer mehr Menschen aus unterschiedlichen Kulturen einem pflanzenbasierten Lebensstil zu. Aber welche Zukunft hat der Veganismus weltweit?

Im Westen entwickelt sich Veganismus rasch von einer Nischenlebensweise hin zur breiten Akzeptanz. Mit dem Aufkommen pflanzlicher Alternativen zu Fleisch, Milchprodukten und Eiern sowie der zunehmenden Verfügbarkeit veganer Optionen in Restaurants und Supermärkten wird es für Einzelpersonen einfacher, einen veganen Lebensstil zu übernehmen und beizubehalten. Zudem vergrößert sich die Anziehungskraft des Veganismus weiter, da immer mehr Prominente und Influencer dafür werben.

In aufstrebenden Wirtschaften, besonders in Asien

und Afrika, ist ein Anstieg veganer und vegetarischer Lebensweisen zu beobachten. Mit dem Wachstum der Mittelschicht in Ländern wie China und Indien findet eine bemerkenswerte Hinwendung zu pflanzenbasierten Ernährungsweisen statt, angetrieben sowohl durch gesundheitliche Bedenken als auch durch ein wachsendes Bewusstsein für Tierwohl.

Allerdings bestehen weiterhin Herausforderungen. In vielen Kulturen ist der Fleischkonsum eng mit Wohlstand und Status verbunden. Diese tief verwurzelten Überzeugungen zu überwinden, erfordert beharrliches Engagement und Aufklärung. Zudem muss in Regionen, in denen Ernährungssicherheit ein Thema ist, die Förderung einer pflanzenbasierten Ernährung sensibel angegangen werden, um sicherzustellen, dass die ernährungsphysiologischen Bedürfnisse erfüllt werden.

Dennoch ist der globale Trend deutlich. Da die Vorteile des Veganismus immer breiter anerkannt werden und die Welt mit dringenden Problemen wie Klimawandel, Entwaldung und Wasserknappheit ringt, wird erwartet, dass sich die Hinwendung zu einer pflanzenbasierten Lebensweise beschleunigen wird.

In den kommenden Jahrzehnten können wir eine Welt erwarten, in der Veganismus nicht nur eine Option, sondern eine weit verbreitete Norm ist. Eine

Welt, in der Kulturen, unabhängig von ihren historischen Ernährungstraditionen, die vielfältigen Vorteile eines pflanzenbasierten Lebensstils anerkennen und integrieren.

GENTLE VEGAN

Kapitel 13

FAQ
Häufig gestellte Fragen zum Veganismus

Kann ich mit einer veganen Ernährung genügend Protein bekommen?

Absolut. Es ist ein weit verbreiteter Irrglaube, dass Veganer Schwierigkeiten haben, ihren Proteinbedarf zu decken. Pflanzliche Lebensmittel wie Hülsenfrüchte, Getreide, Nüsse, Samen und sogar bestimmtes Gemüse sind reich an Protein. Durch den Verzehr einer Vielzahl dieser Lebensmittel kann man seinen Proteinbedarf leicht erfüllen oder sogar übertreffen. Für eine detailliertere Diskussion zu diesem Thema verweisen wir auf unser spezielles Kapitel über vegane Proteinquellen.

Ist eine vegane Ernährung für Kinder und schwangere Frauen geeignet?

Ja, eine gut geplante vegane Ernährung kann für Personen in allen Lebensphasen, einschließlich Kindheit, Schwangerschaft und Stillzeit, geeignet sein. Es ist wesentlich sicherzustellen, dass die Ernährung alle notwendigen Nährstoffe liefert, insbesondere in diesen kritischen Perioden. Mit sorgfältiger Planung und möglicherweise Supplementierung spezifischer Nährstoffe wie B12 können sowohl Kinder als auch werdende Mütter auf einer veganen Diät gedeihen.

Welche potenziellen Mängel gibt es bei einer veganen Ernährung?

Obwohl eine vegane Ernährung zahlreiche

gesundheitliche Vorteile bietet, gibt es bestimmte Nährstoffe, auf die Veganer besonders achten sollten. Dazu gehören Vitamin B12, Eisen, Kalzium und Omega-3-Fettsäuren. Mit der richtigen Planung und dem Einbeziehen einer Vielzahl von pflanzlichen Lebensmitteln können diese Nährstoffbedürfnisse jedoch leicht gedeckt werden. Beispielsweise können angereicherte Lebensmittel, Nahrungsergänzungsmittel und spezifische pflanzliche Quellen eine ausreichende Aufnahme sicherstellen.

Wie gehe ich mit Kritik von Nicht-Veganern um?

Sich als Veganer in sozialen Situationen zurechtzufinden, kann manchmal herausfordernd sein, insbesondere wenn man auf Kritik oder Skepsis stößt. Es ist wichtig, solche Situationen mit Geduld und Verständnis anzugehen. Sich über die Vorteile des Veganismus für Gesundheit und Umwelt zu informieren, kann eine solide Grundlage für konstruktive Gespräche bieten. Denken Sie daran, es ist immer in Ordnung, Grenzen zu setzen und unterstützende Gemeinschaften oder Gruppen zu suchen, die Ihre Werte teilen.

Wie kann ich sicherstellen, dass ich alle notwendigen Vitamine und Mineralien mit einer veganen Diät bekomme?

Eine gut geplante vegane Ernährung kann alle essentiellen Nährstoffe liefern, die Ihr Körper benötigt.

Indem Sie sich auf eine Vielzahl von Vollwertkost konzentrieren, einschließlich Obst, Gemüse, Vollkornprodukten, Hülsenfrüchten, Nüssen und Samen, können Sie eine umfassende Nährstoffaufnahme sicherstellen. Für spezifische Nährstoffe wie Vitamin B12, Vitamin D und Omega-3-Fettsäuren sollten Sie angereicherte Lebensmittel oder Nahrungsergänzungsmittel in Betracht ziehen. Regelmäßige Konsultationen mit einem Ernährungsberater können ebenfalls vorteilhaft sein.

Sind vegane Ersatzprodukte (wie vegane Würstchen oder Käse) gesund?

Vegane Ersatzprodukte können eine großartige Möglichkeit sein, den Übergang zu einer veganen Ernährung zu erleichtern oder vertraute Geschmacksrichtungen und Texturen zu genießen. Es ist jedoch wichtig, sie in Maßen zu konsumieren. Einige dieser Produkte können stark verarbeitet sein und Zusatzstoffe enthalten. Überprüfen Sie immer die Zutatenliste und wählen Sie Produkte mit minimalen und erkennbaren Inhaltsstoffen.

Wie kann ich vegan essen, wenn ich unterwegs bin oder in Restaurants esse?

Viele Restaurants bieten mittlerweile vegane Optionen an. Im Zweifelsfall wählen Sie ethnische Restaurants wie indische, thailändische oder mediterrane, die oft natürlicherweise vegane Gerichte haben. Für unterwegs eignen sich vegane Snacks wie Nüsse, Samen und Obst. Es gibt auch Apps und Websites, die Sie zu vegan-freundlichen Lokalen führen können.

Ist es teurer, vegan zu leben?

Eine vegane Ernährung kann so günstig oder teuer sein, wie Sie sie gestalten. Vollwertkost wie Getreide, Hülsenfrüchte und saisonales Gemüse sind oft preisgünstig. Während spezielle vegane Produkte oder Ersatzstoffe teurer sein können, sind sie für eine gesunde vegane Ernährung nicht notwendig. Mit klugem Einkaufen und Mahlzeitenplanung kann eine vegane Ernährung sowohl wirtschaftlich als auch nahrhaft sein.

Was ist mit Veganismus und Umweltauswirkungen?

Veganismus hat bedeutende Umweltvorteile. Die Produktion von pflanzlichen Lebensmitteln benötigt im Allgemeinen weniger Wasser, Land und Energie im Vergleich zu tierischen Lebensmitteln. Darüber hinaus ist die Viehwirtschaft ein bedeutender Beitrag zu Treibhausgasemissionen, Entwaldung und Verlust der Artenvielfalt. Indem man sich für einen veganen Lebensstil entscheidet, können Einzelpersonen ihren CO2-Fußabdruck deutlich reduzieren, wichtige Ressourcen schonen und zu einer nachhaltigeren

Zukunft unseres Planeten beitragen.

Können Sportler mit einer veganen Ernährung erfolgreich sein?

Absolut. Viele Spitzenathleten, von Läufern bis zu Bodybuildern, haben eine vegane Ernährung übernommen und verbesserte Leistungen, schnellere Regenerationszeiten und erhöhte Energielevel erlebt. Eine gut ausgewogene vegane Ernährung kann alle essentiellen Nährstoffe liefern, die Athleten benötigen, einschließlich Protein, Kohlenhydraten, Fetten, Vitaminen und Mineralien. Es ist entscheidend für vegane Sportler, ihre Mahlzeiten sorgfältig zu planen, um sicherzustellen, dass sie das richtige Gleichgewicht an Makro- und Mikronährstoffen erhalten, um ihre Leistung zu fördern.

Wie kann ich reibungslos auf eine vegane Ernährung umstellen?

Der Umstieg auf eine vegane Ernährung muss nicht abrupt sein. Beginnen Sie damit, mehr pflanzenbasierte Mahlzeiten in Ihre Woche zu integrieren und allmählich Ihren Konsum tierischer Produkte zu reduzieren. Machen Sie sich mit veganen Quellen essentieller Nährstoffe vertraut, erkunden Sie neue Rezepte und erwägen Sie, sich veganen Gemeinschaften online oder offline anzuschließen, um Unterstützung und Inspiration zu erhalten. Denken Sie daran, jede Mahlzeit ist eine Gelegenheit, eine Wahl zu treffen, die mit Ihren Werten und Gesundheitszielen übereinstimmt.

Können bestimmte Gesundheitszustände besonders von einer veganen Ernährung profitieren?

Neben Herzgesundheit und Diabetes, die wir bereits besprochen haben, kann eine vegane Ernährung verschiedene Gesundheitszustände positiv beeinflussen. Beispielsweise kann eine pflanzenbasierte Ernährung das Risiko bestimmter Krebsarten senken, die Nierenfunktion verbessern und Symptome von Arthritis aufgrund ihrer entzündungshemmenden Eigenschaften lindern. Zudem kann der hohe Ballaststoffgehalt in einer veganen Ernährung Verdauungsstörungen wie das Reizdarmsyndrom positiv beeinflussen. Wie immer ist es wichtig, sich bei Erwägung diätetischer Änderungen aus medizinischen Gründen mit Gesundheitsexperten zu beraten.

GENTLE VEGAN

Kapitel 14

Schlussbetrachtung

Bilanz Ihrer veganen Reise

Die Entscheidung, vegan zu leben, ist eine tiefgreifende, die weit über eine bloße Ernährungsumstellung hinausgeht. Es ist ein starkes Bekenntnis zu persönlicher Gesundheit, Umweltschutz und ethischem Umgang mit Tieren. Denken Sie über Ihre Beweggründe nach, die Sie ursprünglich zu diesem Lebensstil bewogen haben. War es eine Dokumentation über die Tierproduktion, ein Gesundheitsschock oder eine tiefere philosophische Einsicht in unsere Beziehung zu Tieren? Gleichgültig, was Sie antrieb, ist es wichtig, sich immer wieder an diese Gründe zu erinnern. Sie bilden das Fundament, das Sie in Momenten des Zweifels oder der Herausforderung stützt.

Darüber hinaus bringt ein veganer Lebensstil oft greifbare gesundheitliche Vorteile mit sich. Viele berichten von gesteigerter Energie, besserer Gewichtskontrolle und einem allgemein verbesserten Wohlbefinden. Das Festhalten dieser positiven Veränderungen, sei es in einem Tagebuch oder digital, kann als Erinnerung an die vielen Vorteile des Veganismus dienen und motivieren, den eingeschlagenen Weg weiterzuverfolgen.

Ihr Engagement für den Veganismus

Ihr Engagement für den Veganismus zeigt Ihre Hingabe zu einer Sache, die über das Persönliche hinausgeht. Jede pflanzenbasierte Mahlzeit, die Sie zu sich nehmen, wirkt sich nicht nur positiv auf Ihre Gesundheit aus, sondern reduziert auch Ihren ökologischen Fußabdruck und setzt ein Zeichen gegen Tierleid. Es geht dabei nicht nur um den Verzicht auf tierische Produkte; es geht darum, die Vielfalt und Fülle pflanzlicher Lebensmittel zu feiern. Von den bunten Farben von Obst und Gemüse bis hin zu den vielfältigen Texturen und Geschmacksrichtungen von Hülsenfrüchten und Getreide – es gibt eine Welt voller kulinarischer Entdeckungen.

Zudem hat Ihre Entscheidung oft Auswirkungen auf Ihr Umfeld. Ob es darum geht, ein Familienmitglied für ein veganes Gericht zu begeistern oder aufklärende Gespräche über die ethischen Aspekte unserer Ernährung zu führen – Ihr Engagement kann andere inspirieren. Eine Gemeinschaft aufzubauen, die diese Werte teilt, sei es durch den Beitritt zu veganen Gruppen oder den Besuch von Veranstaltungen, bietet wertvolle Unterstützung und bereichert Ihre Erfahrungen.

Kontinuierliches Lernen und Wachstum

Die Welt des Veganismus entwickelt sich ständig weiter. Mit neuen Erkenntnissen über die gesundheitlichen Vorteile pflanzenbasierter Ernährung und den kulinarischen Innovationen im veganen Bereich gibt es immer etwas Neues zu lernen und zu entdecken. Bücher, Dokumentationen, Workshops und Online-Kurse sind reich an Informationen, die Ihr Verständnis und Ihre Wertschätzung für Veganismus vertiefen können.

Die globale Vernetzung bietet die Möglichkeit, vegane Traditionen aus verschiedenen Kulturen kennenzulernen. Die Erforschung der Geschichte pflanzenbasierter Ernährung in alten Zivilisationen oder das Ausprobieren veganer Rezepte aus aller Welt bietet unendliche Möglichkeiten für Wachstum und Entdeckung.

Denken Sie daran, dass jeder Tag eine Gelegenheit bietet, zu lernen, zu wachsen und Entscheidungen zu treffen, die Ihren Werten entsprechen.

GENTLE VEGAN

Kapitel 15

Anhang: Ressourcen und Referenzen

Ressourcen und Referenzen

Sich auf eine vegane Reise zu begeben, ist sowohl lohnend als auch transformativ. Wie jede bedeutende Lebensstiländerung bringt sie jedoch eigene Herausforderungen und Fragen mit sich. In der heutigen digitalen Ära, in der Informationen reichlich vorhanden sind, kann es entmutigend sein, glaubwürdige Quellen aus der Fülle des verfügbaren Inhalts herauszufiltern. Hier kommt die Bedeutung zuverlässiger Ressourcen und Referenzen ins Spiel.

Zugang zu vertrauenswürdigen Plattformen, Gemeinschaften und wissenschaftlichen Studien zu haben, ermächtigt nicht nur Einzelpersonen, informierte Entscheidungen zu treffen, sondern bietet auch die notwendige Unterstützung und Anleitung, um sich mit Zuversicht in der veganen Landschaft zu bewegen.

Ob Sie nun Ernährungsberatung suchen, Unterstützung in der Gemeinschaft suchen oder einfach Ihr Verständnis für den veganen Ethos vertiefen möchten, das Heranziehen von seriösen Quellen stellt sicher, dass die erhaltenen Informationen sowohl korrekt als auch nützlich sind.

Darüber hinaus wird, da sich die vegane Bewegung weiterentwickelt, das Aktualisieren mit den neuesten

Forschungsergebnissen, Erkenntnissen und Trends immer wichtiger. Dies bereichert nicht nur das eigene Wissen, sondern verstärkt auch das Engagement für einen pflanzenbasierten Lebensstil. In diesem Anhang möchten wir eine kuratierte Liste von Ressourcen und Referenzen bereitstellen, die als Kompass dienen sollen, um Sie auf Ihrer veganen Reise zu leiten und sicherzustellen, dass jeder Schritt, den Sie unternehmen, in Wissen und Authentizität verwurzelt ist.

Kurz gesagt, Online-Vegan-Communities und Unterstützungsgruppen sind mehr als nur digitale Plattformen; sie sind virtuelle Zufluchtsorte. Sie verkörpern den Geist der veganen Bewegung und fördern ein Gefühl der Einheit, des Mitgefühls und des gemeinsamen Wachstums. Denken Sie auf Ihrer veganen Reise daran, dass diese Gemeinschaften immer nur einen Klick entfernt sind und bereit sind, Sie mit offenen Armen willkommen zu heißen.

Gentle Vegan:

Ihre Plattform für Unterstützung

Gentle Vegan ist nicht nur ein Name; es ist eine Philosophie, eine Bewegung und ein

Bekenntnis. Im Kern glaubt Gentle Vegan an die transformative Kraft eines bewussten Lebensstils, der Gesundheit, Ethik und Nachhaltigkeit nahtlos verbindet. Die Mission ist klar: Eine Welt zu fördern, in der informierte Entscheidungen zu positiven globalen Veränderungen führen. Mit einer Vision, die in Wissen, Ermächtigung und Gemeinschaft verwurzelt ist, steht Gentle Vegan als Leuchtturm für diejenigen, die einen ganzheitlichen Ansatz zum Veganismus suchen.

Gentle Vegan bietet eine Fülle von Dienstleistungen, die auf jeden Aspekt der veganen Reise zugeschnitten sind. In Anerkennung der Bedeutung von Wissen stellt die Plattform gut recherchierte Informationen bereit, um sicherzustellen, dass Individuen in der Lage sind, informierte Entscheidungen über ihren Lebensstil zu treffen.

Aber die Unterstützung endet nicht dort. Gentle Vegan erweitert sein Fachwissen durch erstklassige vegane Coaching-Programme, die modernste KI-Technologie integrieren, um eine einzigartige Mischung aus veganer Lebensstil- und Fitnessberatung zu bieten. Der Gemeinschaftsaspekt ist von größter Bedeutung, mit Plattformen, auf denen Gleichgesinnte Unterstützung finden, Ideen austauschen und Inspiration schöpfen können. Und für diejenigen, die ihre Überzeugungen zur Schau stellen möchten, bietet der Shop von Gentle Vegan nachhaltig produzierte Textilien und Artikel aus recycelten Materialien an. Jedes Produkt, in Zusammenarbeit mit veganen Künstlern entworfen, ist ein Zeugnis für Gentle Vegans Engagement für Nachhaltigkeit und Kunstfertigkeit.

In einer Welt, die voll von Informationen und Plattformen ist, hebt sich Gentle Vegan durch seine Authentizität, Innovation und ganzheitlichen Ansatz ab. Während viele Plattformen Anleitung zum Veganismus bieten, hebt sich Gentle Vegan durch sein Engagement ab, dies mit Fitness und Nachhaltigkeit zu verknüpfen. Der Einsatz fortschrittlicher KI-Technologie in Coaching-Programmen zeigt einen zukunftsorientierten Ansatz und stellt sicher, dass Benutzer eine sowohl personalisierte als auch hochmoderne Beratung erhalten.

Darüber hinaus macht die Betonung von Gemeinschaft, Inklusivität und kontinuierlichem Lernen Gentle Vegan zu mehr als nur einer Plattform; es ist ein Zuhause für diejenigen, die sich einem bewussten Lebensstil verschrieben haben. Der Shop, mit seinen nachhaltig produzierten und künstlerisch gestalteten Produkten, unterstreicht weiterhin Gentle Vegans Engagement für ethischen Konsum.

Kurz gesagt, Gentle Vegan ist eine harmonische Mischung aus Wissen, Gemeinschaft und Innovation und macht es zur Anlaufstelle für diejenigen, die ihre vegane Reise beginnen oder fortsetzen möchten.

Online-Vegan-Communities und Unterstützungsgruppen

Im weiten Feld des Internets kann das Finden eines Zugehörigkeitsgefühls und einer Gemeinschaft, besonders bei einem so tiefgreifenden Weg wie dem Veganismus, transformative Wirkung haben. Online-Vegan-Gemeinschaften und Unterstützungsgruppen spielen dabei eine zentrale Rolle. Sie bieten eine Plattform, auf der Gleichgesinnte sich vernetzen, Erfahrungen austauschen und Rat suchen können.

Diese Gemeinschaften sind oft ein Schmelztiegel unterschiedlichster Individuen aus verschiedenen Hintergründen, jeder mit seiner eigenen Perspektive. Ob Sie ein erfahrener Veganer sind, der sein Wissen teilen möchte, ein Anfänger, der Orientierung sucht, oder jemand, der einfach neugierig auf den Lebensstil ist, diese Plattformen bieten Raum für offenen Dialog und gegenseitige Unterstützung.

Über Diskussionen zu Lebensmitteln und Rezepten hinaus gehen diese Gemeinschaften tiefer in die

Feinheiten des Veganismus ein. Die Themen reichen von ethischen Überlegungen und Umweltauswirkungen bis hin zu den neuesten veganen Produkten und Innovationen. Sie fungieren als Echtzeit-Puls der veganen Bewegung und spiegeln deren Wachstum, Herausforderungen und Entwicklung wider.

In Momenten des Zweifels oder bei Konfrontation mit Kritik können diese Gemeinschaften Trost spenden. Das Lesen über die Erfahrungen, Herausforderungen und Triumphe anderer kann ungemein beruhigend sein. Es erinnert daran, dass man auf dieser Reise nicht allein ist und dass eine ganze Gemeinschaft hinter einem steht.

Darüber hinaus bieten Plattformen wie Gentle Vegan auch spezialisierte Gemeinschaften und Unterstützungsgruppen. Bei Gentle Vegan verstehen wir die Feinheiten der veganen Reise und zielen darauf ab, eine ganzheitliche Plattform zu bieten, die jeden Aspekt des Lebensstils abdeckt. Von Ernährungsberatung über Rezeptideen bis hin zu Diskussionen über nachhaltiges Leben ist unsere Gemeinschaft darauf ausgelegt, sowohl informativ als auch unterstützend zu sein.

Wissenschaftliche Studien und Forschung über Veganismus

Der Veganismus wird durch eine solide Basis wissenschaftlicher Forschung gestützt, die Licht auf seine vielfältigen Vorteile wirft und mögliche Herausforderungen adressiert. Von der Erforschung der ernährungsphysiologischen Vorzüge einer pflanzenbasierten Diät bis hin zur Untersuchung ihrer Auswirkungen auf chronische Krankheiten und Umweltnachhaltigkeit liefern zahlreiche Studien wertvolle Einblicke. Zu den Schlüsselstudien gehören Forschungen darüber, wie sich Veganismus auf die Herzgesundheit auswirkt, seine Rolle in der Diabetes-Management und sein Potenzial, das Risiko bestimmter Krebsarten zu verringern. Für diejenigen, die tiefer eintauchen möchten, empfiehlt es sich, Datenbanken wie PubMed, Google Scholar und spezifische Fachzeitschriften über Ernährung und Diätetik zu erkunden. Diese Plattformen bieten eine Vielzahl von begutachteten Artikeln und Forschungsarbeiten, die evidenzbasierte Informationen über Veganismus bereitstellen.

Vegane Ernährungsberater und Diätassistenten

Wenn Sie Expertenrat zur veganen Ernährung suchen, ist Gentle Vegan Ihr erstklassiges Ziel. Unsere Plattform stellt sicher, dass Individuen maßgeschneiderte Beratung für ihre speziellen Bedürfnisse erhalten. Mit spezialisierten Diätassistenten und Ernährungsberatern bieten wir Beratungen an, die Ihre vegane Diät optimieren. Unser Team versteht die Feinheiten der veganen Ernährung, von Proteinquellen bis zu möglichen Mikronährstoffmängeln. Wenn Sie sich für Gentle Vegan entscheiden, treten Sie einer Gemeinschaft bei, die sich ganzheitlicher Gesundheit und Nachhaltigkeit widmet. Für Beratungen wenden Sie sich direkt an uns, wo unser Team darauf wartet, Ihre vegane Reise zu begleiten.

Schlussfolgerung

Sich auf eine vegane Reise zu begeben, ist lohnend und transformativ. Wie jede bedeutende Lebensstiländerung erfordert sie kontinuierliches Lernen und Anpassung. Die Welt des Veganismus entwickelt sich ständig weiter, mit neuer Forschung, Rezepten und Ressourcen, die regelmäßig auftauchen. Um auf dieser Reise wirklich zu gedeihen, ist es von größter Wichtigkeit, informiert zu bleiben und auf glaubwürdige Informationsquellen zurückzugreifen. Ob es darum geht, einen spezialisierten Diätassistenten zu konsultieren, sich über die neuesten Forschungsergebnisse zu informieren oder sich mit Online-Vegan-Gemeinschaften zu beschäftigen, jeder Schritt trägt zu einem informierteren und erfüllenden veganen Lebensstil bei. Denken Sie daran, die Essenz des Veganismus geht über die Ernährung hinaus; es ist ein ganzheitlicher Ansatz, der Gesundheit, Ethik und Nachhaltigkeit fördert. Indem Sie auf dem Laufenden bleiben und verlässliche Ressourcen nutzen, nähren Sie nicht nur Ihren Körper, sondern tragen auch zu einer mitfühlenderen und nachhaltigeren Welt bei.